SCAFFALE APERTO

Leopoldo Innocenti

AUF WIEDERSEHEN ITALIA

In fuga verso il futuro

ARMANDO
EDITORE

INNOCENTI, Leopoldo
Auf Wiedersehen Italia. In fuga verso il futuro ;
Prefazione di Leopoldo Innocenti e Tomas Cipriani
Roma : Armando, © 2014
144 p. ; 20 cm. (Scaffale aperto)

ISBN: 978-88-6677-599-7

1. Interviste
2. Italia e Germania a confronto
3. Immigrazione italiana a Berlino

CDD 300

Si ringrazia la Federazione Trentina della Cooperazione per il contributo alla pubblicazione

Viale Trastevere, 236 - 00153 Roma
Direzione - Ufficio Stampa 06/5894525
Direzione editoriale e Redazione 06/5817245
Amministrazione - Ufficio Abbonamenti 06/5806420
Fax 06/5818564
Internet: http://www.armando.it
E-Mail: redazione@armando.it ; segreteria@armando.it

21-00-077

SOMMARIO

Ai miei genitori
e alla Sig.ra Luce G.C.

PREFAZIONE

La Germania è un grande Paese, storicamente legato allo Stivale, ma è anche un Paese con un carattere ben definito e con le sue spigolosità. E come di fronte ad una persona di carattere, ci sono due modi estremi di rapportarvisi: lamentandosene o scimmiottandola.

Nel primo caso abbiamo gli italiani cronici, che ripetono come tutto in Italia sia migliore: il caffè, la pasta, il bidet, la gente sempre sorridente, la frutta saporita, le chiacchiere nella metropolitana. L'Italia nei loro discorsi è un Paese *dove non tramonta mai il sole*, dove l'acqua sgorga pura e, a parte qualche momento di difficoltà contingente, tutto prospera. L'Italia lasciata è l'Arcadia perduta. Questo è l'atteggiamento soprattutto dei vecchi emigranti italiani, quelli partiti con la valigia di cartone a cercar fortuna e che ritornavano in Italia raramente e solo per le vacanze. Questi italiani vivono da anni in Germania e fanno ormai parte del tessuto tedesco; sono così radicati nel Paese ospitante da non prendere neanche in considerazione la possibilità di tornare. Il Belpaese resta l'amore, l'identità, ed è così forte che spesso viene trasmesso anche ai loro figli, nati e cresciuti fuori dall'Italia, con il tedesco come lingua materna.

Nel secondo caso, invece, abbiamo i tedeschi d'adozione che, speculari agli italiani cronici, ripetono fino allo stremo come la Germania sia il Paese ideale. E non solo negli aspetti oggettivamente positivi: ordine, una burocrazia elefantiaca ma che funziona, un sistema assistenziale forte, una certa apertura alle novità. I tedeschi d'adozione esaltano anche aspetti meno importanti. Sono quelli che dicono: "Il caffè espresso? Ormai mi sono abituato a quello tedesco"; "Un cappuccino la mattina? Ormai faccio solo colazioni salate"; "La pasta col sugo? No, ormai solo col ketchup!". Questi tipi di italiani vedono le abitudini tedesche in modo acritico e l'assimilazione come un percorso formativo faticoso ma necessario. E chi non si adatta, dal loro punto di vista, non è perché abbia una visione diversa. Semplicemente non è ancora riuscito a superare quella tappa, non è riuscito a tagliare il cordone ombelicale con l'Italia.

I tedeschi d'adozione sono anche quelli che vedono ogni critica alla Germania in modo polemico e si sentono in dovere di prenderne le difese, spesso facendo paragoni spiccioli con l'Italia: racconti di un impiegato che è stato particolarmente scortese? Subito ribattono: "Perché, in Italia sono più educati?"; ti arrabbi perché ti hanno rubato la bicicletta per la terza volta? Loro: "Beh, a Napoli ti rubano l'auto!"; ti lamenti del freddo costante? Immediati: "Pensa che a Roma per due centimetri di neve si blocca tutto!".

Ovviamente tra questi due estremi ci sono varie sfumature e posizioni intermedie, rappresentate dalla maggior parte dei giovani emigranti di oggi. Questo libro parla di loro, per mezzo della loro stessa voce. Un cardiologo, un chimico, una cantante. Tante vite, ognuna con il proprio bagaglio di esperienze a formare la loro personalità. Ed è grazie al racconto di queste stesse esperienze che l'Italia e la Germania vengono descritte, anche se indirettamente, nei loro aspetti più significativi. Luoghi comuni, prese di posizione e verità traspaiono dai racconti dei protagonisti che questo esodo lo stanno vivendo, aiutandoci ad avere un quadro generale del presente, come guardando una cartina dall'alto. Un variegato panorama umano che ci regala uno spaccato di attualità. Non un'accurata e scientifica ricerca sociologica o antropologica: il suo obbiettivo è quello di invitarci alla riflessione, ma solo dopo averci fatto vedere cosa ci circonda. Una specie di cartina di tornasole che ci aiuti a valutare pregi e difetti di due Paesi da sempre arroccati nelle loro identità, ma che forse adesso stanno lentamente cambiando.

Il primo impatto con la civiltà tedesca avviene già sull'aereo se si chiede un caffè: nulla a che vedere con l'espresso e chi non è abituato lo scambia per brodaglia, l'acqua sporca, come viene sprezzantemente chiamato. Appena scesi si avverte una modesta escursione termica che, per mancanza di abitudine, viene percepita come molto più forte.

Fin dall'aeroporto si capisce che il sistema di trasporto pubblico funziona, è efficiente e ben articolato anche se più caro che in Italia. Meglio però non rischiare: benché non ci siano i tornelli nelle metropolitane vengono effettuati dei controlli casuali. Spesso gli addetti preposti sono anonimi, in borghese e tirano fuori il cartellino di riconoscimento solo dopo che le porte si sono chiuse, quando ormai è troppo tardi per scappare. In genere sono anche insensibili a scene lacrimevoli e teatrali.

Dove andare? Cercare un alloggio in Germania, e a Berlino in particolare, è una vera e propria impresa. Rispondere a numerosi annunci, chiamare ininterrottamente e presentarsi ai vari colloqui potrebbe non essere sufficiente per trovare l'appartamento che vorremmo. Forse è alta la domanda, sicuramente è bassa l'offerta.

In molti casi oltre alla cauzione vengono richiesti diversi documenti, certificati ed assicurazioni. Ed è proprio qui che si palesa la burocrazia tedesca.

Per prima cosa bisogna registrarsi al Comune e poi aprire il conto in una banca tedesca. Subito dopo si può fare un contratto con un operatore di telefonia mobile, a meno che non vi accontentiate di un numero ricaricabile, che in Germania è meno diffuso, ma più conveniente.

Per la casa poi vanno aggiunti il documento che attesta che non avete debiti, quello che certifica il pagamento regolare degli affitti e, forse, anche un'assicurazione per eventuali danni. Se poi siete in possesso di un contratto di lavoro ed un garante, le possibilità di trovare in breve tempo una sistemazione aumentano. Nonostante tutti gli sforzi potrebbe capitare di finire in un appartamento in una zona meno sicura, con riscaldamenti obsoleti e magari con il bagno diviso in due stanze, dove per passare dal gabinetto alla doccia dovrete transitare per la cucina.

È normale, è Berlino e potrete cercare ancora.

Chi vuole lavorare dovrà iscriversi al Finanzamt, un ufficio delle imposte dove verrete iscritti ad una categoria di tassazione in base all'età, allo status famigliare e all'occupazione che si vuole svolgere. La Germania garantisce molti servizi, ma questi se li fa anche ben pagare. La categoria più colpita è quella dei single adulti e cattolici. Infatti è prevista una tassa legata alla religione che viene applicata automaticamente nel caso in cui vi siate dichiarati credenti registrandovi in Comune.

Subito dopo dovrete richiedere la tessera previdenziale e procurarvi un'assicurazione sanitaria, il cui costo sarà detratto in parte dal vostro stipendio. I dubbi sull'interazione con la vostra tessera sanitaria italiana, nel caso in cui in Germania abbiate solo il domicilio e non la residenza, saranno difficilmente dissipati negli uffici delle Krankenkasse (l'ufficio sanitario tedesco).

Concluso l'iter burocratico potrete finalmente firmare un contratto di lavoro tedesco e vivere la vita da perfetti berlinesi.

Tutti questi documenti, va detto, non costano nulla e richiedono solo diverso tempo ed una buona conoscenza del tedesco. La lingua, quindi, è uno dei più importanti scogli da affrontare. Infatti non in tutti gli sportelli, ovviamente, troverete del personale che parli un'altra lingua e quasi la totalità dei documenti da compilare non è tradotta.

I corsi di lingua in Germania, però, sono generalmente economici, quindi non ci sono scusanti per chi vive nel Paese e non impara il tedesco.

Particolare nei corsi di lingua è la geografia dei partecipanti. Infatti nei primi livelli sono prevalenti, in generale, i cittadini del Sud dell'Europa: Spagna e Italia in primis. Via via che si avanza nei livelli, invece, la maggioranza dei partecipanti risulta proveniente da Paesi del Nord-Est Europa.

La proverbiale freddezza dei popoli nordici spesso non è solamente proverbiale. I tedeschi in particolare amano mantenere una certa distanza, la richiedono e la pretendono. Se molti di loro sono cortesi, capita a volte di essere trattati duramente anche in luoghi dove è maggiore il contatto con turisti e stranieri, come nei negozi di souvenir, nei quali dovrebbero mettervi a vostro agio per potervi vendere qualcosa.

Parlando per generalizzazioni si può anche aggiungere che se i tedeschi sono più freddi sono anche più sinceri e schietti. Se ti apprezzano te lo dicono, se non ti apprezzano anche. I berlinesi, poi, hanno la fama di essere particolarmente diretti.

L'alcol è un disinibitore, quindi non bisogna meravigliarci se diventiamo oggetto di interesse sociale solo dopo la consumazione di qualche birra.

A tal proposito va sottolineato che, come è prevedibile, i tedeschi con un più alto titolo di studio sono anche quelli meno chiusi, più tolleranti verso la diversità e più disposti a conoscere persone di altre culture. Questo non vuol dire che siano immuni dai pregiudizi, anzi…

Molti giornali in Germania picchiano duro sulla politica italiana, con il risultato che spesso l'opinione pubblica identifica gli italiani con i difetti della sua classe politica. Questi sono gli stessi giornali che sono fin troppo indulgenti e assolutori quando si parla della azioni della propria classe dirigente. Comunque anche con le persone appena conosciute capiterà di dover rendere conto dei nostri politici, di cercare di schiodarci dagli stereotipi degli italiani pigri, evasori e mafiosi. Nonostante la durezza e il fastidio che procurano, oltre a un normale senso di imbarazzo che provocano, questi discorsi in genere non vengono fatti con cattiveria o malizia.

Ognuno di noi ha bisogno di pregiudizi, di giudizi e indicazioni precedenti alla conoscenza reale, perché questi favoriscono un avvicinamento al mondo che ci sta di fronte. Una volta compiuto il suo compito, che è quello di farci avvicinare con cautela al diverso, il pregiudizio dovrebbe lasciare spazio al giudizio ed alla conoscenza. Va detto che a volte capita che gli italiani e i tedeschi si tengano i propri e li rafforzino dando luogo ad un dialogo tra sordi.

Forse, però, qualcosa sta lentamente cambiando. Forse quei rocciosi luoghi comuni che vedevano il tedesco in ciabatte e calzini corti e l'italiano col mandolino stanno iniziando a scricchiolare. La sensazione di essere prima di tutto europei sta crescendo e assieme ad altri fattori fa sì che la velocità con cui le persone si mescolano tra i Paesi si alzi di anno in anno. Lo «Spiegel» (lo specchio), settimanale tedesco molto seguito, ha pubblicato poco tempo fa un interessante articolo sull'argomento, dove veniva descritta una Germania dall'attitudine amichevole verso l'immigrazione. Quella che un tempo era una Germania chiusa che tentava di dissuadere altri popoli a stabilirsi sul suo territorio, adesso sta cercando invece di incentivare questo movimento, puntando sull'utilità dei nuovi arrivati ed al contempo sulla loro caratura. A sostegno di tutto questo il settimanale tedesco aveva messo in copertina una eloquente foto dei nuovi colti emigranti. Forse a noi fa un po' sorridere immaginarsi la rigida Germania amichevole e a braccia aperte. Tuttavia la proverbiale determinatezza teutonica nel raggiungere obiettivi, forse, ci farà capire tra non molto che i nostri luoghi comuni sono diventati obsoleti.

Se le differenze sono le prime cose che si percepiscono non va dimenticato che l'Italia e la Germania sono due Paesi che si sono avvicinati molto negli ultimi anni.

L'Italia non è più *lo giardino dell'Impero*, come recitava Dante, né la meta del Gran Tour culturale che ha attirato tanti intellettuali nei secoli scorsi. Forse nessuno più chiederà come Goethe: "Conosci tu la terra dove fioriscono i limoni?". Certo è che l'Italia è vista come terra di vacanza da tantissimi tedeschi. Se abbiamo perso nell'immaginario, abbiamo sicuramente guadagnato nella realtà.

La massiccia immigrazione italiana in Germania del secolo scorso ha sicuramente giocato un ruolo importante. Gli italiani che partivano con la valigia di cartone da realtà povere, portavano con loro il dialetto e una tradizione popolare molto forte, soprattutto nel campo culinario. Se agli inizi del secolo scorso la cucina italiana era poco conosciuta e gli italiani che si trasferivano avevano difficoltà a reperire i propri prodotti, oggi si può ben dire che la pasta viene gustata con regolarità da un gran numero di tedeschi. La cucina italiana, con la sua dieta mediterranea, viene ritenuta sana e sinonimo di alta qualità della vita e i ristoranti italiani sono molto diffusi. È arrivata la musica italiana, non più solo legata alla musica classica e all'opera. I grandi artisti italiani si esibiscono in teatri, forum e stadi, ricevendo un'ottima accoglienza. È arrivata la moda: ogni grande città ha negozi delle grandi firme della moda italiana. Si è diffuso lo stereotipo dell'italiano che è elegante anche nel caso sia un barbone. È arrivato lo studio della lingua italiana: se in precedenza erano soprattutto i figli degli emigrati a voler imparare la lingua dei genitori, o dei nonni, per riscoprire le proprie radici, oggi sono soprattutto gli autoctoni che studiano l'italiano. Questo perché l'italiano piace, suona bene, è una lingua musicale o anche perché, sempre più spesso, è la lingua del proprio partner. Tutto ciò concorre al fatto che la lingua di Dante sia una delle più studiate in Germania.

In generale, quindi, si è radicato il Made-in-Italy come sinonimo di alta qualità, lusso e dolce vita. Anche nel settore dell'automobile, dove la Ferrari viene apprezzata nonostante la proverbiale gelosia dei tedeschi per le proprie auto. Tanto che sono sempre più diffusi i nomi italianizzati anche per prodotti che nulla hanno a che fare col Belpaese.

Quindi dolce vita, ma anche dolce far niente. Perché se da un lato ci viene riconosciuta la capacità di godere dei piaceri della vita, restiamo ancora legati ad una visione dell'italiano edonista, esteta, un po' pigro, ritardatario e conquistatore.

Torniamo allora alla celebre espressione: *i tedeschi amano gli italiani ma non li stimano; gli italiani stimano i tedeschi ma non li amano.*

Va detto che anche in questo caso la realtà è più sfumata. Sul lato degli affetti crescono le coppie italo-tedesche e parlando di affidabilità professionale va detto che molte aziende cercano italiani. Infatti ai giovani dello Stivale non viene solo riconosciuta una buona preparazione tecnica e scientifica, ma anche una buona dose di creatività. E la creatività in campo professionale permette di raggiungere quello che gli inglesi chiamano *lateral thinking*, fondamentale per superare momenti di stallo in cui una logica ferrea ci condurrebbe.

L'apprezzamento professionale è sicuramente legato ad un fenomeno recente. Gli italiani che oggi lasciano il Belpaese per la Germania sono molto diversi dai loro avi. Chi infatti lasciava l'Italia ad inizio del secolo scorso aveva una scarsa cultura, parlava quasi esclusivamente dialetto, aveva delle basse aspettative, meno collegamenti con la terra di origine, spesso lavorava per poter mandare soldi alla famiglia che restava nel suolo natìo. Gli emigranti verso la Germania di un tempo erano soprattutto uomini, a volte con le proprie mogli, e andavano in un Paese completamente diverso, in un'Europa che era ancora di là da venire. Chi lascia l'Italia oggi ha un livello di istruzione più alto, spesso si tratta di laureati e qualificati. Gli emigranti di oggi lasciano il Belpaese non solo e non tanto per fuggire alla crisi contingente che lo investe: sono ragazzi nati successivamente al boom economico, conoscono il benessere e sono molto esigenti nelle loro aspettative di vita. Rispetto ai vecchi emigranti, i nuovi italiani in fuga all'inizio possono contare anche economicamente sulla famiglia d'origine, con cui restano in stretto contatto: telefono, internet e voli low cost hanno ridotto notevolmente le distanze. Spesso parlano più di una lingua, hanno già vissuto all'estero, magari anche grazie a programmi quali l'Erasmus, sono informati e vivono la cittadinanza europea come una conquista assodata: sanno, al pari di tanti altri giovani europei, di avere dei doveri e di avere dei diritti.

Il ristorante italiano, qualora sia veramente gestito da italiani, è il primo luogo dove un ragazzo appena arrivato in genere prova a trovare lavoro, anche grazie all'incredibile richiesta. Nella maggior parte dei casi sono impieghi momentanei, perché i ristoratori italiani non hanno la fama di avere dei buoni rapporti con i loro dipendenti, che spesso vengono sfruttati.

I ristoranti servono anche come centro di aggregazione tra italiani, luoghi dove creare contatti con i propri connazionali e scambiarsi informazioni.

I giovani che lasciano il Belpaese oggi portano molto con loro. In termini economici, un giovane che studia e si specializza in Italia è un investimento per il Paese, e quando questi decide di andarsene, lo Stato ne risente. In termini affettivi, visti i legami stretti all'interno della famiglia italiana, un giovane che oggi si sente spinto a lasciare i luoghi di appartenenza provoca una separazione forte con la famiglia di origine e in alcuni casi anche un senso di frustrazione per non vedere realizzate in casa le aspettative del proprio figlio.

Nostalgia è una bellissima parola di origine greca e viene dall'unione di *nostos*, che vuol dire ritorno, e *algos*, che vuol dire dolore, tristezza. La nostalgia è un dolce dolore che si prova, nella lontananza, al pensiero della casa, della terra d'origine, del luogo degli affetti lontani. Nonostante la sua origine greca, però, il termine non era diffuso nell'antichità ed è stato introdotto solo nel XVII secolo da un medico svizzero, Johannes Hofer. In tedesco la parola ha una traduzione sicuramente più articolata. I tedeschi usano due termini per parlare della nostalgia. C'è l'*Heimweh*, che è una parola composta da *Heim*, casa, e *Weh*, dolore. L'*Heimweh* è il dolore per la separazione dalla propria casa, dai propri luoghi. E poi c'è il *Fernweh*, dove *Fern* indica la lontananza. *Fernweh* è quella particolare forma di nostalgia che si prova verso posti non ancora conosciuti, non ancora nostri. È il dolore del marinaio che torna dopo un lungo viaggio e che già vorrebbe ripartire.

Quando fa la valigia per la partenza, l'italiano saggio dovrà prepararsi a fronteggiare entrambe queste nostalgie: dal loro giusto dosaggio dipenderà il suo equilibrio.

Da questa emigrazione l'Italia ci sta solo perdendo? I più apocalittici vedono in questo il colpo di grazia dato ad una nazione che fa sempre meno figli e che cresce poco economicamente.

Sicuramente il nostro Paese sta dando un contributo notevole ad una vera cittadinanza europea. L'europeizzazione appare sempre più come un processo irreversibile perché ormai non solo economico, ma fortemente culturale. In Italia cosa torna?

I giovani emigranti si stanno confrontando con una realtà lavorativa diversa, per molti aspetti, a volte più dinamica, con una vera competizione fatta sui curricula e sulle abilità personali. Creano contatti e legami internazionali e portano nel mondo, e in Germania in questo caso, gli aspetti positivi della nostra cultura. Perché è indubbio che in

affetto - Verbundenheit

un contesto competitivo i lati negativi siano quelli che per primi devono essere smussati e posti sotto controllo.

Il futuro è tutto da scrivere. Queste nuove generazioni potrebbero dare un grande contributo alla modernizzazione del nostro Paese. Il loro ritorno porterebbe in Italia un bagaglio culturale veramente europeo, in grado di modernizzare certi aspetti che risultano farraginosi e che poi sono alla base della loro fuga. Ci si riferisce a certe forme di clientelismo, alla mancanza di stimoli, al confronto ingessato.

Ben vengano, o ben vadano, dunque gli emigranti di oggi se questa deve essere la prospettiva futura. Anche se così non fosse il loro esempio sta già contagiando il loro microcosmo di appartenenza. Oltre a svolgere un ruolo eccellente in quello che gli economisti chiamano *nation branding*, cioè nel cambiare la percezione che si ha del nostro Paese.

Spesso un aspetto comune che si evince parlando con gli italiani residenti all'estero è che hanno lasciato l'Italia vinti da un sentimento di delusione. Come se l'Italia non avesse mantenuto le promesse che a loro, come a tutti gli altri, aveva fatto. Cadute le promesse è inevitabile che cada anche un senso di prospettiva verso il futuro. È inevitabile che crollino le certezze di realizzazione, di possibilità e quindi di un raggiungibile benessere. Sarebbe bello immaginare un cambio di tendenza, come se la tanto chiacchierata "fuga di cervelli" diventasse un "ritorno di cervelli", rientrati con il valore aggiunto di un'esperienza europea. Forse, con loro dalla nostra parte, l'Italia potrebbe diventare un "Paese" migliore. Perché questo avvenga, bisogna lavorare per impedire che il senso di frustrazione provocato dal vivere nel nostro Paese scompaia, sostituito da possibilità, certezze e senso collettivo. Il dato che molti italiani all'estero occupino posizioni di alto prestigio fa riflettere. Ci indica che la mente italiana è creativa ed innovativa, invidiata e ricercata, sensibile e dinamica. Non è la qualità che a noi manca, ma l'eccellenza da sola non basta. Quello di cui siamo sprovvisti è un senso civico collettivo, molto presente in altri Paesi. Una ideologia di gruppo, d'identità o di patriottismo per usare un termine tronfio e polveroso. Paesi a noi vicini, spesso, seppur dotati di meno eccellenza, risultano più funzionali proprio grazie a questo senso di appartenenza a noi poco affine. Mancandoci questo collante, forse derivato dalla delusione del triste panorama italiano, le nostre menti creative si sentono libere di evadere e cercare qualcosa a loro più consono. Vanno là dove le esperienze vengono valutate come dovrebbero e la chimera della meritocrazia da mitologica diventa reale.

Perché in Germania? Perché a Berlino? Berlino è una delle più grandi città europee ed è la capitale del Paese più ricco d'Europa. Non è dinamica come Londra, né elegante come Parigi, né ha la storia ed il fascino di Roma. Eppure molti italiani, come molti stranieri, decidono di trasferirsi qui.

La città offre delle ottime scuole ed eventi di musica tecno ed elettronica, i teatri sono diffusi e legati ad ambienti underground, le mostre d'arte sono spesso moderne e sperimentali. Berlino non si esaurisce in questo. È una meta di turismo sessuale legato a bordelli e a luoghi di incontri gay ed etero, a volte anche estremi, eppure la città ha altre sfaccettature. È uno spazio che è stato distrutto, diviso, ricostruito in modo irregolare e che oggi cerca di uniformarsi e di custodire le proprie cicatrici. E ancora una volta, la capitale tedesca non si esaurisce in questo fascino storico.

È impossibile definire una città come Berlino: una realtà internazionale che è definita da molti tedeschi come un grande Paese; una metropoli percepita da molti in Germania ancora come espressione di una sola parte, l'Est, e una sola cultura, quella prussiana, per ricordarne l'ottusità e lo schematismo. È un agglomerato senza un vero centro, dovuto a ragioni storiche.

Una città che forse non ha un'identità definita, ma che ha un enorme potenziale, come un adolescente che deve ancora diventare adulto, ma che promette di essere qualcuno di molto importante.

Berlino vive la contraddizione di essere la capitale del Paese più ricco d'Europa e al tempo stesso una delle città più economiche ed indebitate, come ripete il sindaco Klaus Wowereit: *siamo poveri ma sexy*. Sono tanti quelli che chiedono assistenza sociale, eppure trovare un lavoro non è impossibile.

Come tutte le grandi realtà, e qui in special modo, sono presenti diversi spaccati: si va da quartieri radical-chic come Wilmersdorf, a zone più giovanili e attrattive come Kreuzberg, a quartieri più controversi come Wedding. I fatti di cronaca ci ricordano come non sia il paradiso.

È sempre vero che qui tutto funziona? Tutte le aspettative di trasferirsi in un Paese "superiore" sono raggiunte? È vero che gli autobus sono puliti, le poste funzionano e in banca la fila è snella, ma tutto ciò ha un prezzo? Cosa dobbiamo sacrificare per avere in cambio tutto questo?

Berlino è anche una città giusta, dove si può vivere in modo dignitoso anche con un lavoro part-time che ti lascia il tempo di godere degli eventi presenti, magari non tutti di valore, ma alcuni degni di nota. Qui dove si possono creare contatti, portare avanti progetti e ripartire dopo un insuccesso, anche grazie ad un sistema assistenziale che funziona. Una capitale con tanto verde, piste ciclabili, passeggiate lungo il fiume, tra caffetterie eleganti e pub di bassa reputazione.

Berlino è una città che non puoi odiare fino in fondo perché ha sempre qualcosa che ti sorprende, e che non puoi amare fino in fondo perché ha sempre qualcosa che ti respinge. In tanti hanno lasciato la città dopo diversi anni senza rimpianti e senza rimorsi, come una storia che è giunta alla sua naturale conclusione.

Perché, ancora una volta, la capitale tedesca non si può definire, rinchiudere in un concetto, carpirne l'anima, fermarla in un'immagine. È come un ragazzo imberbe che ti guarda fisso negli occhi, sfrontato e sicuro mentre ti sfida: "ce la fai a starmi dietro?".

Leopoldo Innocenti – Tomas Cipriani*

---

* Insegnante di italiano e fondatore del sito www.parliamoitaliano.org.

VINO ROSSO CON OLIVE

L'appuntamento con Alina Convertino, laurea in lingue e letteratura straniera nel 1999 all'Università Aldo Moro di Bari, in Germania dal 2.000, è al caffè Einstein, nel quartiere Ovest di Tiergarten. Punto di incontro di artisti, letterati e gente comune fin dal 1979 – anno in cui ha aperto i battenti – il caffè Einstein ha l'aspetto austero di un locale d'altri tempi: banconi in legno scuro, lampadari d'epoca e un giardino all'aperto frequentato anche durante le fredde giornate invernali. Alina arriva con un quarto d'ora di ritardo e, giusto per rompere il ghiaccio, con un sorriso glielo faccio notare. Lei controbatte con maliziosa ironia: "Anche in Germania le donne qualche volta si fanno attendere". Il tono non è risentito ma perentorio, segno della determinazione che ha segnato tutte le sue scelte.

Alina ha i tipici tratti mediterranei: occhi e capelli scuri, portamento e sguardo fieri. Ci sediamo. Il tempo di ordinare e lei, già decisa a raccontare la sua storia fin da quando ci eravamo appena conosciuti all'Università Humboldt, attacca tutto d'un fiato.

"Vengo da Fasano, paese della provincia di Brindisi e, appena finiti gli studi, come naturale nel Sud, ho puntato al mitico posto fisso, facendo domanda in due scuole, la 'Giovanni Pascoli' e la 'Giacinto Bianco'. Sono stata assunta con contratti a progetto. Per un po' ho resistito. Poi mi sono resa conto che, nella mia terra, non avrei mai avuto opportunità vantaggiose, e dentro di me ho cominciato a immaginare un futuro fuori dal mio guscio…".

Si blocca per un attimo a riflettere. Quindi, come se parlasse fra sé, mormora: "A Fasano la gente è molto provinciale. Negli anni '80 il mio paese ha vissuto momenti di forte tensione perché la malavita spadroneggiava nella zona. A causa di un traffico di droga si parlava addirittura di una connection Palermo-Fasano. Amici miei carissimi sono morti per overdose… Per arrivare bisognava essere figli di qualcuno e avere soldi, bei vestiti e belle macchine… Il solito rituale italiano".

Poi Alina riannoda i ricordi della vita scolastica e della sua formazione culturale: "Ho frequentato un liceo linguistico privato a Martina Franca, in provincia di Taranto, l'unico liceo vicino al mio paese. Ed è stato proprio in quell'istituto che ho cominciato ad amare le lingue e ad appassionarmi al tedesco. Una grande spinta me l'ha data la mia professoressa, trasmettendomi la passione che lei stessa nutriva per la letteratura tedesca e i suoi classici".

Alina ha finito di bere il bicchiere di vino rosso che aveva ordinato e consumato le olive con le quali lo aveva accompagnato. Ne chiede delle altre perché confida: "Critico la mia terra ma la amo, quando posso mangio sempre olive, me la ricordano…". E tra un'oliva e l'altra riprende a raccontare.

"Ero alla ricerca spasmodica di certezze, di verità. E posso dire che forse la molla per conoscermi meglio mi è stata fornita dall'approfondimento di due autori come Heinrich Böll e Christa Wolf. Dopo aver letto *Opinioni di un clown*, la descrizione che Böll fa di quel mestiere, il rapporto che il clown ha col padre, la critica della società tedesca dell'epoca, ho provato grandi sensazioni. E così è successo quando ho letto *Il cielo diviso* della Wolf. Mi sono subito impossessata di Rita e Manfred, i personaggi da lei descritti, che raccontavano della Berlino divisa. Spronata dal mio orgoglio e dalla mia voglia di libertà, è in quei momenti che si è fatta più forte l'indignazione per tutto quel che succedeva nella mia piccola borghesuccia Fasano. E così ho cominciato a sognare, a farmi domande: chi sono, che cosa voglio? Durante quelle letture, sono stata come stregata dal fascino di una realtà così lontana dal sole, dal mare e dalle olive della Puglia, e la mia curiosità si è fatta sempre più pressante. Cominciava a maturare in me il bisogno di sapere sempre di più di quella società così diversa, così problematica e così divisa, quando Berlino era spaccata in due…".

Un amore a prima vista pur se a così grande distanza? "No, tutto è maturato attraverso passaggi precisi, non in modo aprioristico, ma sulla spinta di vere e imperiose esigenze interiori. In un periodo di pendolarismo, quando ogni giorno trascorrevo mezz'ora in bus per andare a studiare: Fasano-Locorotondo-Martina Franca e viceversa. Occasioni che mi hanno portata a coltivare nuove amicizie e a frequentare un centro sociale, in una masseria abbandonata e occupata da ragazzi. Un laboratorio culturale (teatro, cinema, TV, musica sperimentale Punk) al quale il mio ragazzo di allora mi fa appassionare, senza che io abbandonassi i miei interessi primari, concentrati sul cinema. Scopro infatti Wim Wenders e vedo il suo film *Il cielo sopra Berlino*. Un altro tassello che arricchisce la mia voglia di fare nuove esperienze, la mia predisposizione a studiare l'individuo e ad avere relazioni intese come interscambiabilità e confronto con gli altri. Forse anche il desiderio inconscio di provare a fare l'attrice…".

Una strada che poteva essere percorsa anche a Roma, ad esempio. Che cosa lo impediva? "Nella nostra famiglia siamo in otto. Sei maschi e due femmine. Quasi tutti laureati. In casa si era convinti, forse per un antico retaggio del Sud, che fosse importante avere un posto fisso. Così non ho mai avuto il coraggio di dire a mio padre che mi sarebbe piaciuto fare l'attrice… Mi sentivo un po' soffocata, ma ciò non mi ha impedito di continuare a inseguire i miei sogni. Preparo una tesi su Wim Wenders, la intitolo *La sospensione del racconto nel cinema di Wim Wenders (1971-1977)* e mi prendo la mia bella laurea. Dopo le insoddisfacenti esperienze dei contratti a progetto, faccio domanda per una borsa di studio, che in quegli anni si chiamava 'Leonardo', e che permetteva di stare 3 mesi all'estero con una sovvenzione di 700mila lire al mese. Ottengo la borsa. Potevo scegliere tra Bruxelles e Berlino e non ho avuto dubbi su quale città scegliere. Sono partita con il cuore gonfio di emozioni. Stage di tre mesi in un'azienda di consulenza per l'inserimento dei Paesi dell'Est in Europa. Una esperienza formativa in tutti i sensi: l'approccio diretto con un mondo lavorativo nuovo e un test con me stessa per misurare la mia forza e la mia capacità di adeguamento e resistenza fuori da quel famoso *guscio*".

Cercare di interrompere Alina per farle qualche domanda è un tentativo vano. Ma ascoltarla non procura affatto noia. Anzi.

"Era successo già qualcosa. Berlino mi aveva catturata e la filosofia di Wenders, che tratteggiava nei suoi film il viaggio come esperienza interiore invitando a guardare dentro di noi, mi inseguiva in ogni momento della mia vita. Un grosso travaglio. A Berlino ho conosciuto turchi, romeni, slavi… Non c'erano soltanto i figli dell'avvocato di Fasano. Mi si stava aprendo un mondo nuovo. Ho chiesto consiglio anche alla mia professoressa, che senza esitazioni mi ha incoraggiata a rimanere.

Cominciava una nuova vita e sapevo che sarebbe stata dura. Ho fatto la cameriera, ho venduto sigarette per una grande agenzia di Francoforte sull'Oder, ho assistito una signora anziana dell'Est che, per una malattia grave, non poteva muoversi. Le andavo a comperare da mangiare".

Alina è un fiume in piena. Le parole sembrano uscirle dal profondo dell'anima.

"Sempre nel 2000 mi si presenta l'occasione dell'abilitazione all'insegnamento. Il concorso per titoli a Bari. Lo vinco e mi inserisco in una graduatoria. Ma non resisto e rientro a Berlino. Metto annunci nelle università e nelle scuole di lingue e comincio a dare lezioni private di italiano. Rispondono in molti e dopo qualche mese inizio addirittura a lavorare nelle VHS, le famose Università del popolo, molto seguite in Germania. Ma la strada non è ancora tracciata. Ricordo che in quei giorni mi ripetevo: ok vai avanti, puoi farcela anche se c'è ancora molto da camminare. Continuo allora a lavorare in questa direzione e, sapendo bene dove volevo arrivare, rientro in Italia. Faccio domanda al Ministero degli Esteri per insegnare italiano, in Germania naturalmente e, grazie ai miei precedenti, al lavoro svolto e al sudore versato, ottengo un posto sempre come precaria ad Amburgo. Un anno di prova e poi finalmente vengo assunta a tempo indeterminato".

Alina prende per un attimo fiato. C'è appena il tempo per chiederle se ha coronato il suo sogno...

"Sì", risponde lasciandosi finalmente andare a un sorriso. "Sì, ho coronato il mio sogno e lo devo al fatto di non avere mai avuto perplessità su quello che avrei voluto fare. È il messaggio che lancio a chi vuole arrivare: non rinunciate mai alla vostra meta. Io fuggivo dal precariato che, probabilmente, in Italia mi avrebbe condizionato la vita. Ma avevo i miei punti fermi e a questi non ho mai rinunciato. Nemmeno nei momenti più difficili. In Germania non è stato facile inserirsi perché questo Paese non vuole pesi morti. In nessuno dei suoi settori. Il tedesco è Vorsichtig".

"Ossia?". "Il tedesco è attento, scrupoloso, guardingo e prudente. Ci sono tedeschi colti che ti valutano e apprezzano per quello che sei real-mente e quindi ti sostengono e ti stimano. Anche qui, però, ci sono quelli insensibili, quando non addirittura di scarsa cultura, che avvertono fastidio per la presenza degli stranieri. Ma il bilancio complessivo è positivo. Questo è un Paese che ti consente di metterti alla prova. Qui, a differenza dell'Italia, la meritocrazia è premiata: sono addirittura riuscita a far parte di una compagnia di Teatro che si chiama Teatralia Europa – c'è anche il sito in Internet – dove si recita in Italiano. L'associazione ARCES degli italiani all'estero è riuscita ad ottenere fondi per i nostri lavori dalla città di Stoccarda. Ci aiuta anche l'Istituto italiano di cultura perché la nostra compagnia, formata da attori italiani e tedeschi, porta in scena con successo e grande interesse da parte del pubblico tedesco autori come Goldoni, Buzzati, Pirandello e Brusati. Lo ammetto, qualche attimo di smarrimento l'ho avuto ma oggi mi sento realizzata per aver saputo cogliere quelle opportunità che qui in Germania mi si sono presentate. Ora non mi resta che sperare per l'Italia… No, non voglio buttarla in politica. Mi limito a sottolineare che il retaggio storico-culturale dell'Italia qui in Germania è consistente e apprezzato, ma che certe immagini che rimbalzano fin quassù non fanno bene al nostro Paese e a noi che viviamo all'estero… E ora che cosa facciamo, ci prendiamo altre due olive?", domanda con aria sorniona. E non v'è dubbio che con quella domanda intende lanciare un chiaro messaggio: una volta ordinate altre olive, il nostro colloquio è da considerarsi concluso.

IN FUGA DAI TABÙ

Filippo D'Antoni, basco di lana in testa calato fin sulle orecchie, arriva in bicicletta. Siamo a Prenzlauerberg, nella ex zona Est di Berlino, uno dei quartieri che nella capitale tedesca vanno per la maggiore. Gran parte dei suoi palazzi sono stati ristrutturati o costruiti di recente, nonostante questa parte della città sia stata la meno bombardata nel corso dell'ultima guerra. Abitato per lo più da artisti e intellettuali, Prenzlauer è rinomato per le sue gallerie d'arte, i bar e i ristoranti, diventati oggi i luoghi d'incontro preferiti soprattutto dai giovani. Qui c'è anche la più alta concentrazione di donne incinte (ecco perché il quartiere è anche conosciuto come Pregnancy Hill) e qui nasce il più alto numero di bambini che in tutto il resto della città messa insieme. Una ragione che spiega questo record forse c'è: i marciapiedi, larghissimi, risultano comodi da percorrere per arrivare, spingendo le carrozzine con i neonati, in molti dei verdi giardini del quartiere, dove si respira aria pura. E tanti, e bene organizzati, sono anche gli asili nido.

Filippo scende dalla bicicletta con aria leggermente contrariata e un moto di bonario disappunto verso se stesso per quanto gli è appena successo. "Sono passato qualche secondo prima che scattasse il verde. Una macchina della polizia mi si è affiancata e un poliziotto mi ha chiesto i documenti. Non me lo hanno detto, ma credo che mi arriverà una ingiunzione di pagamento per l'infrazione che mi è stata contestata. Questa è la Germania. Si paga quando non si rispettano le regole. La colpa è comunque mia", ammette con un leggero sorriso. Fa freddo ma decidiamo di camminare. Anche se siamo agli inizi di novembre, nelle strade già risuonano le note festose di musicisti improvvisati e operai del Comune sono al lavoro per allestire gli alberi di Natale, prima che le violente nevicate, tipiche di questo periodo, imbianchino la città.

Occhi castani, carnagione chiara, una leggera peluria che fa moda, appena messo il lucchetto alla sua bici, Filippo comincia a raccontare. "Sono nato a Siracusa. Lì ho preso la maturità scientifica e lì forse sarei rimasto per gran parte della mia vita. Ma i continui scontri con mio padre, che arrivava spesso a picchiarmi, mi hanno spinto a partire presto per il Continente, come noi siculi chiamiamo l' Italia... Lui era stato un calciatore semiprofessionista e avrebbe voluto che seguissi le sue orme. Si era accanito su quella sua idea, ma io non volevo saperne e così, forse inconsciamente, aveva finito con lo scaricare su di me una delusione che s'era trasformata in astio. Da quando avevo 19 anni e fino ai 23 non ci siamo mai più rivolti la parola. Io per lui non esistevo. Anche se penso che mi volesse bene... Tutta colpa sua? Beh, a onor del vero, la scelta di cambiare aria era forse frutto anche della irrequietezza che già allora mi portavo dentro. E soprattutto dell'ambiente provinciale di Siracusa. No, quella città non faceva proprio per uno come me...".

Mentre camminiamo, l'aria si fa ancora più pungente e così finiamo col ripararci in un caffè. Nel locale, Filippo si toglie il basco e sul lobo del suo orecchio sinistro si intravede un luccichio. Nel dolce tepore che ci circonda, tra qualche debole sospiro e molte pause, il racconto della sua vita continua.

"Come ho detto, in famiglia le cose non funzionavano e io, giorno dopo giorno, mi rendevo sempre più conto che l'ambiente della mia città non faceva per me. La mentalità e il provincialismo non mi avrebbero mai permesso di essere me stesso. A Roma mia sorella aveva trovato un posto come operatrice cinematografica e così, nonostante io abbia sempre amato la mia terra, lascio mia mamma e le altre quattro sorelle per trasferirmi in Continente. A Roma mi iscrivo alla Facoltà di Scienze politiche e comincio a dare qualche esame. In me matura in quel periodo il desiderio di fare cinema, cambio facoltà e passo a quella di Lettere, ritenendola più consona al lavoro che mi sarebbe piaciuto fare".

Filippo rievoca gli anni tra l'89 e il '90, il movimento studentesco della "Pantera" – al quale aderisce – le proteste contro la riforma dell'Università del ministro Antonio Ruberti, il timore che si arrivasse alla privatizzazione degli Atenei e alla loro subordinazione alle esigenze delle aziende. Il movimento però fallisce. Lui, deluso e in crisi, abbandona gli studi e rientra a Siracusa. Con una speranza.

"Dentro di me auspicavo una inversione di rotta nei rapporti con mio padre...", dice tirando un respiro e tormentando tra le mani il basco. Una lunga pausa e poi l'ammissione della resa. "Ma non è successo nulla...".

Passano due mesi pieni di dubbi e di interrogativi: "mi guardo dentro, mi faccio domande, cerco di capire meglio cosa voglio". Poi la decisione definitiva: "capisco che Siracusa non fa per me. E allora, senza più esitazioni, riparto per Roma".

Poi ordina una torta al formaggio. "Così – dice – riprendo il mio solito buon umore e alleggerisco il peso dei ricordi". E dopo averla consumata, torna a parlare con enfasi di quello che allora sognava di fare.

"Più o meno consapevolmente, ero sempre stato affascinato dalla capacità affabulatoria del racconto cinematografico ed ero deciso a lottare con tutte le mie forze per far parte di quel mondo. Con il passar del tempo, utilizzando le conoscenze di mia sorella, entro in contatto con costumisti, montatori e sceneggiatori. Per un po' non succede nulla. Poi, un bel giorno, una amica mi presenta il regista Antonello Grimaldi. Lo incontrai a San Lorenzo e lui mi disse: 'Che voi fa'?'. Io gli parlo delle mie ambizioni, e pochi giorni dopo comincio a lavorare come aiuto assistente di produzione presso la Fandango, la casa di produzione di Domenico Procacci. Una esperienza fantastica. Respiro l'aria del set e rubo i segreti del mestiere: le intonazioni del regista, il suo rapporto con gli attori, i vari ruoli che compongono una troupe. Tutto era per me nuovo e affascinante. Non mi avrebbero dovuto pagare ma, alla fine, mi danno 200mila lire al mese. Un premio per la mia dedizione al lavoro".

Nel locale entrano parecchi clienti e Filippo propone di spostarci verso il fondo della stanza perché, spiega, "mentre racconto posso camminare". Dopo alcuni mesi in quella società, l'incontro con Donatella Palermo, una free lance che produceva film.

"Mi ricordo alcuni titoli dei suoi lungometraggi: 'Ti amo da morire' e 'Lettere dal Sahara', girato con Vittorio De Seta. Anche in quell'occasione mi faccio le ossa in produzione. Nel 2002, un altro colpo di fortuna. Vado in Sicilia con una troupe, a Ragusa, per fare foto, provini, e sopralluoghi vari. Alla fine, il film che si progettava di realizzare non si fa per mancanza di fondi, succede spesso nel nostro ambiente... Ma io, pian piano, mi stavo ambientando, anche se era duro vivere. I soldi, a fine mese, non sempre arrivavano...".

Mentre parla, Filippo va su e giù nel poco spazio a disposizione e le parole che quasi sussurra si intervallano con movimenti plastici delle mani. D'un tratto si irrigidisce.

"Forse è meglio piantarla qui. La mia è una storia complessa che tocca sì il cinema e la mia voglia di esprimermi, ma anche il mio modo d'essere…". E d'improvviso, quasi volesse liberarsi di un peso, sbotta: "io avevo anche una sorta di necessità personale nell'andar via da Siracusa… Perché? Perché sono omosessuale".

Filippo adesso tace, aspettandosi, forse, una qualche reazione. Invitato a proseguire, riprende il suo racconto.

"Io sono alla continua ricerca di un punto di equilibrio che, anche se fragile e labile, possa permettermi di scrutarmi. Ma procediamo con ordine. Prima di arrivare qui sono stato anche a Cuba, a L'Avana, per girare dei documentari in collaborazione con cineasti iraniani. L'intento era di dare un taglio particolare a personaggi che presenziavano al Festival internazionale del nuovo cinema latinoamericano. Ho intervistato alcuni personaggi famosi: Gianni Minà, Mimmo Calopresti, la cantante cubana Omara Portuondo, Ariadna Gil, un'attrice spagnola che ha lavorato a Hollywood, e persino Michelle Rodriguez, protagonista del film 'Avatar', girato in 3d e campione d'incassi un paio d'anni fa. Di lavoro in lavoro, a Roma avevo acquisito esperienze ma non mi sentivo ancora pronto per il grande salto. Rientro in Italia, carico come non mai, e decido che devo mettere a frutto le mie cognizioni cinematografiche. Cerco in sostanza una scuola che possa darmi in breve tempo una preparazione più specifica sul mestiere di regista. Interpello varie scuole ma i corsi duravano come minimo due anni. Mi guardo attorno e scopro che a Londra c'è quello che fa per me: il New York film Academy. In quell'Istituto privato mi perfeziono o, meglio, imparo a girare con cineprese da 16 millimetri, imparo a montare le ottiche, a fissare la macchina a prendere i fuochi, a scrivere le storie, a fare lo sfoglio delle sceneggiature. Imparo l'intero processo produttivo di un film fino al montaggio".

Un bel percorso, ma Berlino è ancora lontana. "Dopo Londra giro un cortometraggio di 12 minuti dal titolo "Unfair" che viene presentato al Festival di Taormina e ha un notevole successo di critica. Subito dopo questa parentesi, un altro mio lavoro girato a Londra viene scelto al Berlinale Talent Campus: una sessione didattica del Festival di Berlino.

E quella è l'occasione che mi porta qui, in una città che mi ha sempre attratto".

"Che cosa mi piace di Berlino? Qui certi tabù non esistono. Qui ho ritrovato la mia dignità e l'identità che in Italia mi veniva negata per i pregiudizi che mi impedivano di essere me stesso, senza fare del male a nessuno. Qui mi sento libero. Rispettando la sensibilità altrui, posso manifestare per strada l'affetto che mi lega al mio compagno e nessuno si scandalizza. Penso al sindaco di Berlino, Wowereit, che si presenta in pubblico con il suo uomo, senza che tutto questo scateni polemiche o aggressioni verbali. In Italia devono essere sradicati alcuni concetti legati all'omosessualità, bisogna combattere il pensiero dominante delle differenze sessuali... eliminare i sarcasmi di ieri e di oggi. Quando, come mi è capitato di recente, sento un noto personaggio dire in un programma televisivo di qualche tempo fa che 'è meglio essere affascinati da una bella ragazza piuttosto che da un gay', provo una grande indignazione. Sì, parlo di Silvio Berlusconi. E a proposito di politici, tempo fa Antonio Di Pietro, discutendo di alleanze, se n'è uscito con una frase del tipo 'non possiamo stare con loro... è come se due uomini stessero nella stessa camera da letto'. Questa è pura omofobia. Per questo motivo, pur amando molto la mia Sicilia e l'Italia, resterò a Berlino, una città che rispetta tutti. Quando ero a Roma ho vissuto momenti di grandi umiliazioni. Il linguaggio, la volgarità e qualche volta il disprezzo mi ferivano quotidianamente".

Filippo non nega che il filo sottile che lo tiene legato all'Italia non si è mai spezzato, ma ammette che la scelta fatta anni fa sembra irreversibile. "Sono a Berlino da cinque anni e ogni giorno mi rinnovo culturalmente: i tanti cineclub, la presentazione di vecchi film, molti anche italiani, i forum sul cinema e la mia assidua frequentazione con i 'videomaker' sono una spinta continua che mi gratifica. Senza falsa modestia, voglio ricordare che nel 2004, con un soggetto dal titolo 'Uomini di tre lettere', io e la collega Debora Alessi abbiamo partecipato a Roma al Premio Solinas, conquistando il secondo premio per la migliore scrittura cinematografica. La mia casa, a Prenzlauerberg, confina con un rione che si chiama Wedding. Poco lontano c'è il Mauer Park, da dove si possono ancora scorgere i resti del Muro che divideva in due la città. Chissà che tutto questo non sia per me una nuova ispirazione per un altro piccolo-grande lavoro cinematografico...".

A questo punto Filippo si rimette il basco, porge la mano e, mentre ci avviamo verso l'uscita, si congeda con un ultimo sospiro: "non so se il muro mi ispirerà un nuovo lavoro e se raggiungerò successo e notorietà. Sono certo, però, che non smetterò di amare questa città perché qui mi è consentito davvero, senza ipocrisie, di essere me stesso". Fuori fa sempre più freddo. Filippo, a grandi passi, si avvia a recuperare la sua bici.

L'INCOMPIUTA

Si è d'un tratto oscurato il cielo di Berlino in questo fine maggio del 2012.

Dopo giorni e giorni di caldo la temperatura è improvvisamente calata e anche le mamme con bambini al seguito hanno dovuto abbandonare la quiete dei sentieri adiacenti il Castello di Charlottenburg per trovare riparo dal vento tagliente.

Le scolaresche si sono infilate anch'esse frettolose verso l'ingresso di questo sontuoso Palazzo in stile barocco italiano commissionato nel 1701 da Sophie Charlotte, moglie di Federico terzo di Brandeburgo, a un famoso architetto dell'epoca. Il rumore delle auto e dei grossi autobus che scorrono poco lontano si percepisce appena e sono costretto a seguire il consiglio di Marta, che mi suggerisce una sosta con caffè-espresso.

Marta Collica dal 2007 vive e lavora a Berlino dove fa la "vocalist", e la tastierista. Fisico minuto e sottile, capelli neri, lineamenti delicati, sguardo magnetico, prima di parlarmi dei suoi sogni di oggi Marta sente come imperativo il bisogno di svelarmi il rapporto che ha avuto con la sua terra. Nostalgia? No, è tenerezza, voglia di ricordare con amore, forse voglia di pennellare la propria giovinezza. Una sorta di sentire che i brasiliani chiamerebbero "saudade". "Era già l'ora che volge il disío ai navicanti e 'ntenerisce il core lo dí c'han detto ai dolci amici addio" Mi torna in mente per un attimo Dante in un frammento del Purgatorio, dove anche lui esprime con "disìo" questa sensazione di malinconia.

"Mi racconti".

"Sono nata a Reggio Calabria 47 anni fa, ma a tre anni mi sono trasferita a Catania, dove mio padre era impiegato in banca. Scuole medie, liceo classico che abbandono quasi subito e, poi, diploma di maestra. Catania mi è sempre piaciuta. Una città anarchica, corrotta dalla mafia e dal malcostume, ma creativa e sempre pronta a captare il nuovo. Esponenti della 'New Wave' degli anni '80 devono parte del loro successo anche a Catania, dove hanno compiuto i primi passi". Chi per esempio? "Luca Madonia, che ha partecipato anche al Festival di Sanremo cantando con Carmen Consoli e Franco Battiato. Mario Venuti, altro interprete conosciuto nel mondo della musica. Devono molto al terreno fertile che hanno trovato in una città come Catania, dove sempre in quegli anni si faceva sperimentazione, i locali fiorivano e i giovani potevano sentirsi coinvolti da quelle influenze musicali del Nord Africa che da noi arrivavano prima, per via della nostra posizione geografica. Un grande amore per la mia città. Ma, io ero alla ricerca di sfide… E, allora cosa è successo…?". Si schermisce, Marta, sorridendo e slacciandosi i capelli neri quasi come per autodifesa o ricerca di complicità. "A 22 anni sono partita per Roma, il grande richiamo della capitale per chi aveva aspirazioni artistiche. Ho frequentato l'Istituto europeo di design, ricordo ai Fori Imperiali e a Piazza Colonna, e dopo questa parentesi, anche perché ero sovvenzionata dalla mia famiglia, sono rientrata a Catania trovando un impiego in una azienda di pubblicità".

"Sempre insoddisfatta?".

"Sentivo che i miei obiettivi erano altri. Mio padre, grande appassionato di musica, durante il tempo libero era sempre all'ascolto di quella che un tempo era conosciuta come la filodiffusione. Amava profondamente tutto ciò che era musica: Rabagliati, Tenco fino a Frank Sinatra. In una sorta di gioco io traducevo per lui le canzoni interpretate dagli autori d'oltre Oceano ed è stato così che è nata la passionaccia divorante".

Per nulla eccentrica Marta, sorseggiando il caffè, continua a parlarmi della sua vita professionale e, come a volermi confidare un intimo segreto, mi sussurra di credere intensamente nella profondità dei rapporti umani: "la mia vita artistica – precisa – è fatta di incastri. Per incastri intendo incontri. Nel 1995, quando già avevo deciso che in futuro avrei fatto la cantante, ho conosciuto Giovanni Ferrario, un musicista e produttore indipendente. Con lui mi sono plasmata potrei dire. Abbiamo girato l'Italia in lungo e in largo e presentato al nostro pubblico quegli influssi di Rock e Pop sperimentale che facevano parte del nostro bagaglio.

Viaggi alla ricerca della perfezione e dell'arricchimento che, però, alla fine ci riportavano inevitabilmente sempre a Catania".

"Paura del nuovo?".

"No, anzi, proprio qui viene il bello". In quel periodo o poco dopo, non ricordo esattamente, sul nostro percorso compare Cate Hope: una australiana sposata con un siciliano che suonava flauto e basso e viveva a Catania".

"E che succede?".

"Succede quello che ho detto poco fa: colgo al volo l'opportunità che Cate mi offre e parto per l'Australia. Un lungo salto verso l'ignoto, ma con la consapevolezza che avrei dovuto affrontare sacrifici e rinunce ma anche convinta e decisa a mettermi in gioco con determinazione e forza di volontà".

Marta sembra d'un tratto voler raggruppare i suoi pensieri e, dopo aver alzato leggermente il tono della voce, prosegue il suo racconto.

"Durante alcune pause di lavoro, già a suo tempo – precisa – con Cate avevamo scritto musica e testo di un pezzo dal titolo 'Experiments in the duration of love'.

Ebbene quel brano lo abbiamo inciso proprio a Melbourne grazie a un produttore che si chiama Hugo Race che credette subito in noi. Una cosa inimmaginabile in Italia o anche nella mia amata e tanto decantata Catania".

"L'Australia dunque le ha offerto la grande occasione?".

"In un certo senso sì. Mi ha aiutata a preparare il futuro e anche il mio attuale soggiorno berlinese. Potrà sembrarle strano ma proprio in Australia ho abbandonato le facili illusioni e là ho cominciato ad avere una diversa percezione della realtà e del lavoro".

Marta abbassa gli occhi e guarda la sua tazza di caffè ormai vuota. Il suo sguardo è lontano, come se la sua mente stesse vagando dietro le quinte, per usare un'espressione a lei congeniale. Poi ritorna alla realtà con un gesto inequivocabile, sposta la tazzina di lato e ritorna a cercare il mio sguardo. "Mi dispiace, ma ho un appuntamento tra breve. Adesso devo proprio andare" mi dice sorridendo, quasi a scusare l'interruzione di una chiacchierata che vorrei più lunga. Io rimango seduto guardando Marta alzarsi, quasi interdetto. Lei intuisce la situazione e, per attenuare il mio senso di incompletezza, aggiunge una frase spezzata dal gesto di infilarsi la giacca. "Non si preoccupi – mi tranquillizza – avremo modo di incontrarci ancora così le potrò raccontare come sono arrivata qui". Mi allunga la mano, mi saluta ed esce.

Dopo quel giorno ho provato molte altre volte a contattarla ma senza successo, come se la promessa di un nuovo incontro fosse stata dettata dalle circostanze, più che da un desiderio genuino. Purtroppo quella di non farsi trovare, senza nessuna spiegazione, è una caratteristica che ho già dovuto affrontare più volte, con gli italiani di Berlino. È come se rendersi irreperibili fosse la scelta preferita rispetto a quella del confronto. Viviamo in un mondo in cui la tecnologia permette subito di sapere, chiedere, rispondere e informare. Spesso, all'estero, espressioni come pizza, mafia e mandolino sono usate per definire l'insieme "Italiano" e mi chiedo se anche questa sottile maleducazione che si manifesta nel non farsi trovare possa essere usata per definire un "modo d'essere" tutto nostro. Da amici comuni vengo a sapere che Marta sta lavorando tanto. Concerti, dischi e inviti. Sono contento che stia vivendo il suo sogno, mi dico tra me e me passeggiando per Berlino, quasi cercando di lavorare al suo posto, quasi a scusarla per la sua assenza. La immagino arrivata sul palco dell'Opera de Paris o al Madison Square Garden di New York, ma forse i luoghi non sono adatti per una musicalità prettamente underground come la sua. Salgo sulla metro, diretto verso un altro appuntamento, con un nuovo personaggio da inserire in questa galleria delle stelle berlinesi ma continuo a pensare a Marta. Si era bloccata parlandomi dell'Australia, dove immagino abbia acquisito parte della cultura anglosassone e che abbia usato questa nuova esperienza per costruire le fondamenta di una nuova vita qui a Berlino. La mia curiosità non appagata mi fa restare impigliato pensando a quali eventi hanno portato Marta a compiere il salto Australia-Berlino. Forse un nuovo amore, forse un ingaggio importante o forse la registrazione di un disco nei famosi studi dove anche Bowie e gli U2 registrarono alcune delle loro meraviglie. Mi manca un passaggio, una connessione importante tra un continente tanto lontano e questa città. Forse non saprò mai perché Marta abbia scelto Berlino da associare alla parola casa, ma posso usare l'evidenza dei fatti per trarne delle conclusioni. In questi ultimi anni stiamo assistendo ad un vero e proprio esodo verso la capitale tedesca. Uno svuotamento dell'Italia verso questa città. Marta ne è un esempio, come lo sono le tante altre persone descritte in questo libro. Non ci vuole Socrate, con la sua logica e razionalità, per capire che evidentemente la capitale tedesca offre di più rispetto alla nostra penisola. Più possibilità di creare, conoscere e incontrare. Più possibilità di vivere la vita che ognuno desidera. Più possibilità di essere e fare ciò che i nostri sogni ci chiedono. Possibilità rese reali non solo da un basso costo della vita, ma anche da un fermento impensabile se paragonato alla staticità italiana. Ecco cosa ci insegna questo esodo: che qui a Berlino c'è una probabilità più alta di trasformare i sogni in un possibile e quindi raggiungibile futuro.

Mentre lascio la mia mente libera di veleggiare tra isole di concetti, un suono, anzi, una musica mi riporta sulla terraferma della realtà. Un ragazzo ben vestito sta suonando la chitarra dentro il vagone in cui mi trovo. Deve essere entrato alla stazione precedente. È fermo appena oltre la porta d'ingresso, suona, canta e guarda sorridendo gli altri viaggiatori. Prendo l'attenzione del suo sguardo come fosse un suggerimento per la mia e anche io mi metto ad osservare gli altri passeggeri. Sono tutti persi e protetti nella loro identità, nessuno fa caso a questo moderno menestrello. Chi legge, chi ascolta musica con le cuffie e chi, la maggior parte, si gingilla col telefonino davanti agli occhi. Il risultato finale è la più totale indifferenza, come se il ragazzo con la chitarra fosse un fantasma o peggio, il frutto della mia immaginazione. Ma ecco che questa indifferenza, da sciagura psicologica, si prolunga diventando un danno materiale. Il ragazzo smette di suonare e percorre il vagone chiedendo qualche spicciolo, come fosse un compenso al suo piacevole siparietto. Nessuno si muove, nemmeno un centesimo, peggio, nemmeno uno sguardo, nemmeno un sorriso. Arriva la stazione successiva e il ragazzo scende probabilmente per andare in scena su un'altra carrozza. Eccola l'eccellenza della società tedesca in uno dei suoi più devastanti aspetti: l'indifferenza. Come se fossero tutti talmente concentrati a creare la propria identità da finirne intrappolati, oscurando gli altri. Dovrebbe essere questa una società progredita, funzionale, umana. Tanto avanzata da essere un esempio per l'Europa intera, eppure c'è ancora tanto spazio per l'indifferenza. Che genere di società ricca è mai questa se produce gente costretta a chiedere l'elemosina per vivere? Dove sono le possibilità per tutti a cui accennavamo poco fa? O forse la metropolitana è rimasto uno dei pochi palchi disponibili per esprimersi in una città che sta collassando sotto un esodo che non riesce a gestire?

Lascio le domande sospese, senza risposta, come fossero quesiti di pura retorica. Sono giunto alla mia stazione e mi avvicino all'uscita. Quando le porte si aprono e scendo sulla banchina, noto di fronte a me un cartellone pubblicitario. È una foto di una donna, bionda, bellissima, teutonica e subito, per associazione, ripenso a Marlene Dietrich. In una delle sue canzoni più famose, il cui titolo ora mi sfugge, cantava: "È tutto così sbagliato che non può essere giusto". E mentre lo penso non mi accorgo che sono fermo davanti alla foto, con la gente indaffarata che mi scorre accanto e che non sa che forse Marlene si riferiva anche a loro.

UN FIGLIO D'ARTE A BERLINO

Talento e rigore. Sembrano essere queste le caratteristiche di Giovanni Perin, di professione vibrafonista.

Il concerto di Festival Jazz organizzato dall'Istituto Italiano di Cultura di Berlino al Kunstfabrik di Mitte è in pieno svolgimento. Dopo i tanti applausi, mentre i diversi gruppi continuano ad alternarsi sul palcoscenico, appartati in una saletta del locale, Giovanni ordina una Coca Cola e si racconta: "Sono nato nel 1987 a Sarmeola di Rubano, un piccolo centro a pochi chilometri da Padova. Un'infanzia normalissima in una famiglia altrettanto normale con le solite raccomandazioni dei genitori che mi hanno sempre spinto a studiare. E tutto è avvenuto regolarmente: nel 2006 ho conseguito la maturità scientifica, ma l'idea che mi è sempre frullata per la testa con grande insistenza è stata quella di fare il musicista, perché non le ho detto subito che a otto anni suonavo già il pianoforte".

"Un destino da *enfant prodige* già segnato…?".

"Diciamo che ho sempre avuto una certa predisposizione per la musica" mi risponde visibilmente disorientato, dopo aver capito che si è appena sottoposto a una vera intervista. Decido di dargli del tu, vista la differenza di età, e lo incalzo:

"Una dote innata vuoi dire?".

Giovanni a questo punto sembra prendere più confidenza con l'interlocutore e accenna un sorriso che si distende sotto una lunga chioma folta e ondulata. "Una vera passione – mi spiega – che mi è stata trasmessa da mio padre".

"Musicista anche lui?".

"No, un dentista che ha amato il suo lavoro ma ha anche coltivato l'interesse per la musica in quanto per hobby suonatore di piano. A lui devo molto perché mi ha inculcato fin da piccolo che gli obiettivi si raggiungono per meriti. Nella cabina di regia della mia vita c'è stato sempre lui, con il quale ho stabilito una specie di simbiosi profonda".

"Cosa vuoi dire?".

"Che ho coltivato l'interesse per la musica ma nel contempo ho seguito i sani consigli che, ovviamente, tutti i genitori danno ai loro figli e così nel 2010 con un bel 110 e lode ho conquistato la laurea triennale al DAMS di Bologna, Facoltà di Lettere e Filosofia. Una esperienza tra il comico e il tragico"...

"Cosa è successo?".

"Il professore che doveva esaminarmi non si è presentato. Pare fosse malato e così io ho parlato per oltre un quarto d'ora di discografia, di jazz, dell'accostamento che si potrebbe fare tra matematica e musica di fronte a una commissione attenta e disponibile che, però, non sapeva nulla di musica. Una scenetta tipicamente italiana".

"Con quel pezzo di carta avresti potuto aspirare a un lavoro fisso nella tua città?".

"Non credo. In fondo sapevo che dovevo maturare, crescere. Il sangue delle note ha sempre pulsato nelle mie vene, ma nel campo della musica, o meglio dire del jazz, i risultati sono difficili da raggiungere e io lo so. A proposito di gavetta, ho dimenticato di dire che nel luglio del 2006 ero stato a Boston alla Berklee School of Music per seguire un corso speciale di 5 settimane e proprio in quel periodo ho cominciato a programmare il mio futuro.

Lasciare il piano per dedicarmi al vibrafono perché diversi anni prima mio padre aveva fatto uno scambio con un amico e il vibrafono da quel giorno è entrato prepotentemente nella nostra casa. Quello strumento mi stregò subito".

Ci prendiamo una breve pausa e il mio sguardo si sofferma su alcuni ritratti in bianco e nero incorniciati e appesi alle pareti del locale. Solennità di un glorioso passato: Oscar Peterson, Louis Armstrong, Dizzy Gillespie e altri.

Anch'io sorseggio la mia Coca Cola e mentre prendo appunti noto un Giovanni pensoso che si accarezza dolcemente la peluria che gli incornicia il viso.

"Insomma Oltre Oceano fai la scelta della tua vita?".

"Sì", mi risponde senza un attimo di esitazione, e mentre sfiora con le dita la sua barbetta color bronzo-castano aggiunge: "a Boston posso dire che sono stato folgorato dal vibrafono. In quel periodo ho scelto lo strumento che spero accompagnerà il mio percorso professionale".

"Così ti sei messo subito in marcia?".

"Il mio cammino è cominciato in occasione del ponte dell'otto dicembre 2010. Con la mia famiglia trascorriamo qualche giorno a Berlino. La città mi coinvolge subito: i locali, il costo della vita non estremamente alto, le scuole di specializzazione per chi vuol fare il mio mestiere e, perché no, la voglia di scoprire una metropoli considerata da molti artisti internazionali una fucina di creatività".

"Eri andato già preparato?".

"Sì, cercavo quelle conferme che poi ho avuto. Sapevo che a Berlino esiste il famoso Jazz Institute. Faccio domanda per essere ammesso e nel giugno del 2010 supero l'esame. Rientro in Italia e decido di diplomarmi. Frequento il conservatorio di Padova e al quinto anno, purtroppo, sono obbligato a trasferirmi ad Adria, in provincia di Rovigo, dove mi diplomo con il massimo dei voti".

"Perché dici che sei stato (purtroppo) obbligato?".

"Per via di un'altra stranezza tutta italiana. Il mio professore invece di incoraggiarmi mi osteggiava. In pratica, continuava a ripetermi che con il jazz in Italia non avrei avuto un futuro".

"Tu, però, non ti sei fatto influenzare... hai inseguito le tue ambizioni...".

"Proprio così e a questo punto forse ti stupirò, perché in quel periodo ho sentito il bisogno di conoscermi meglio".

"Cosa hai fatto?".

Giovanni mi guarda compiaciuto, come a cercare complicità e mi confida: "sempre nel 2010 sono partito per il Sud Est dell'India: sono andato a Vijayawada a insegnare musica a bambini orfani.

Avevo bisogno di maturare anche interiormente. Sono andato a immergermi in quell'inferno. Ancora conservo nella mia mente e nel mio cuore le immagini di quei piccoli abbandonati che crescono in baracche fatiscenti e, spesso, muoiono giovanissimi per fame e malattie. È in quelle circostanze che ti senti una nullità. Comunque, grazie alla musica sono riuscito a dare un sorriso a quelle creature.

Una esperienza indimenticabile che ha modificato il mio modo di pensare".

"E poi, che succede?".

“Nell’ottobre del 2011 parto per la mia avventura alla volta di Berlino. Studio all’Università e ho come professore David Friedman, un fuoriclasse newyorkese considerato uno dei più grandi percussionisti a tastiera al mondo.

Friedman ha suonato e inciso con alcuni dei più grandi percussionisti della musica classica contemporanea come Berio e Nono. Anche nel jazz ha lasciato il segno perché ha lavorato con trombettisti come Chet Baker e Kenny Wheeler e con il pianista Horace Silver, tanto per fare qualche nome. Per chi non lo sapesse ho citato ‘stelle’ di rilevanza mondiale.

Aggiungo con una punta di orgoglio che il mio professore, Friedman, ha compiuto studi approfonditi sul vibrafono mentre i suoi lavori sono utilizzati nei più importanti conservatori del mondo.

Un ultimo dettaglio che ci riguarda come italiani: alcuni suoi brani sono richiesti nelle audizioni di orchestre del calibro di quelle della Scala di Milano”.

“Una università-laboratorio lontana come schema dai moduli di casa nostra... È così?”.

“Sì, gli studenti qui a Berlino sono considerati come appartenenti a un ‘popolo di creativi’. Le stesse autorità sono convinte che vanno sostenuti. Un esempio: io ho una chiave magnetica che mi permette di entrare 24 ore su 24 nella mia Facoltà. Posso entrare in qualsiasi giorno dell’anno nelle aule o negli studi di registrazione, tutti dotati di strumenti sofisticati e all’avanguardia. La retta è di 500 euro l’anno e in questa cifra è compreso un ticket per tutti gli spostamenti in metropolitana più altri vantaggi e, tra questi, mangiare alla mensa a prezzo ridotto. Ecco perché sono qui a Berlino”.

“Intenzionato ad andare avanti dunque, a trasformare la tua passione in lavoro?”.

Giovanni mi fissa negli occhi, sfodera un’aria sicura e con la sua inflessione veneta continua a spiegarmi:

“Sono qui a Berlino per imparare e per crearmi quel bagaglio professionale che in Italia non avrei potuto acquisire. Mi spiego meglio. Due o tre volte alla settimana vengo chiamato da diversi gruppi per suonare. Andiamo nei piccoli locali frequentati da chi ama il jazz. Sono esperienze impagabili sia sotto il profilo musicale sia sotto l’aspetto del rapporto con il pubblico.

Pensa che alla fine dei concerti a volte passo con il cappello per riscuotere il riconoscimento in denaro della prestazione. In Italia, forse per via della nostra mentalità più ristretta, mi sentirei a disagio… qui, invece, è diverso. Tutto è più naturale. È come se il concerto fosse una sorta di messa a punto delle nostre personali conoscenze musicali: quelle ore di musica ci fanno tirar fuori la nostra grinta, il nostro vero carattere. Si lavora per dare il meglio al nostro pubblico di quel momento. Mi basta intuire che quegli applausi sono sinceri e che con la musica abbiamo fatto dimenticare a qualcuno, per un paio d'ore, quello che succede oggi nel mondo".

"Un artista che non pensa al denaro perché ha i soldi di papà…".

"No, questa è una cattiveria". "È vero, io sono stato fortunato, ricevo aiuti dalla famiglia ma nello stesso tempo sogno di diventare autonomo". E, quasi come a voler riflettere a voce alta, Giovanni aggiunge: "in fondo mi sento vittima di una società pressapochista che non ha fatto e non fa nulla per i giovani".

"Che rimproveri muovi alla società italiana? C'è la crisi…".

"Si, c'è crisi, oggi", risponde Giovanni quasi seccato per dover affrontare un argomento che sembra turbarlo, "ma negli anni passati cosa si è fatto per noi giovani? Poco o, meglio dire, pochissimo. Tutto è sempre stato legato alle famose conoscenze. Se sei amico di… ottieni, altrimenti, se vuoi inseguire i tuoi sogni che potrebbero diventare realtà, meglio andarsene ma, per non cadere nell'ovvio, per non ripetere le cose che ormai si dicono da troppo tempo ti voglio dare uno spunto di riflessione". Giovanni fa una breve pausa e con aria di sfida sentenzia: "sono mancati gli stimoli, nemmeno quelli avete saputo darci".

Colto da una sorta di disagio prendo tempo per cercare di formulare una nuova domanda ma Giovanni mi spiazza ancora:

"Cosa hanno fatto le Regioni o le Province per dare una mano a noi ragazzi? Nulla. Hanno sperperato denaro per manifestazioni che sono servite soltanto agli amici degli amici. Eppure viviamo in un Paese che ha grandi tradizioni musicali… E che dire – insiste Giovanni sempre più accalorato – della nostra TV? Soltanto programmi di politica o cronaca nera per alimentare dibattiti sul mostro di turno. Non si potevano, creare degli spazi 'ad hoc' per fare emergere idee e proposte e dare voce anche a noi giovani? Ancora una volta il nulla. Tutto questo io lo chiamo degrado culturale".

Nascondo il mio sconforto e riprendo la via maestra.

"Resterai a Berlino? Concentrato al massimo per diventare anche tu come altri italiani un jazzista di fama mondiale?".

"Non esageriamo. Oggi siamo di fronte a grandi rivoluzioni anche per quanto riguarda creare, eseguire, ascoltare e diffondere musica. Io vengo dalla provincia e sono abituato a stare con i piedi per terra come mi hanno insegnato i miei genitori. Ho già suonato in due occasioni importanti: Radio Festival Jazz e in questo organizzato dall'Istituto Italiano di Cultura. Per ora mi accontento e continuo a studiare".

È quasi mezzanotte e nel locale risuonano le note di Moonlight Serenade. C'è silenzio e partecipazione. Giovanni non resiste e a bassissima voce mi vuole far partecipe del suo stato d'animo:

"Vedi – mi dice – quanto rispetto c'è per chi suona? Tutti attenti a seguire il pezzo. Un pubblico che sembra all'unisono con i musicisti... che bello! Quando mi è capitato di suonare vicino a Padova invece c'è chi mi ha chiesto di suonare piano per favorire il dialogo, le chiacchiere. La musica esige attenzione e concentrazione che da noi spesso non ci sono. È una questione di cultura".

Tra poco Giovanni dovrà esibirsi di nuovo. C'è solo il tempo per qualche altra curiosità, per sapere da lui come si trova in Germania.

"Bene, naturalmente, anche se i problemi non mancano. Per ottenere in affitto un piccolissimo appartamento ho dovuto presentare al proprietario il certificato dei redditi di mio padre. Come se non bastasse mi sono dovuto affidare a una agenzia immobiliare turca.

Con i tedeschi avrei dovuto superare troppi esami. Problemi seri, questi, oltre che gravi".

"In ogni modo bilancio tutto sommato positivo?".

"Sicuramente positivo. Questa città per me è una palestra. Imparo e mi arrabbio spesso...".

"Per quali motivi?".

"Perché penso che in Italia c'è bisogno di più emancipazione e più consapevolezza. Abbiamo delle bellezze uniche al mondo e non sappiamo valorizzarle. Peccato! Comunque, prima di lasciarti ripeto che mi sento fortunato: sto vivendo una esperienza unica perché posso dar sfogo alla grande passione della musica ma, nel contempo, mi sto immergendo nella storia del jazz. Sto cercando di approfondire leggendo e facendo piccole ricerche l'apporto che gli italiani hanno dato a questo genere di musica".

"E cosa sta emergendo?".

"Che la presenza italiana nel jazz risale alla fine dell'Ottocento, quando i nostri emigranti che provenivano dalla Campania, dalla Sicilia e dall'Abruzzo sbarcarono prima a New York per poi trasferirsi a New Orleans. Emersero in quei tempi grandi talenti. Un nome per tutti: l'ineguagliabile Frank Sinatra. E che dire inoltre del grande Dino Crocetti, ossia Dean Martin e della sua inimitabile capacità di dar vita a canzoni con quelle ironiche sfumature di inglese e italiano come per esempio That's Amore? Nella mia identità di emigrante degli anni 2000, quando ho tempo studio e, come ti ho detto, forse questo interesse lo coltivo ispirato da tutto quello che mi offre Berlino e rammentando a me stesso, con un pizzico di orgoglio, che non esiste genere musicale in cui gli italiani non abbiano messo la loro genialità. Alzandosi, Giovanni, quasi come a volermi sfidare mi chiede: hai mai sentito parlare di Bruce Springsteen? Ebbene il più grande rocker di tutti i tempi negli anni Ottanta uscì con un pezzo firmato Bruce Zirilli perché sua madre era italiana e sua moglie è una italoamericana che si chiama Patti Scialfa".

Il nostro figlio d'arte si allontana e si dirige verso il palco senza lasciare nessuna scia di incertezza: un giovane diviso al momento tra due mondi, due modelli di vita che pur diversi si influenzano e si completano.

A me, in quegli istanti, viene in mente un frase di Oscar Wilde che recita: "mi piace la musica di Wagner più di ogni altra cosa. È così rumorosa che si può parlare per tutto il tempo senza farsi sentire dagli altri. È un grande vantaggio".

Chissà se Giovanni sarebbe d'accordo con Oscar Wilde.

FILOSOFIA E PITTURA

A 22 anni, Gioele Pincini ha l'aspetto di un profondo pensatore. Frutto, forse, della laurea in Filosofia appena conseguita. Ci incontriamo nel quartiere di Wilmersdorf, all'uscita della metropolitana. È autunno e in questo periodo, a Berlino, c'è lo spettacolo delle tante foglie color giallo e marrone che gli alberi perdono in attesa dell'inverno. Ci incamminiamo per andare a fare uno spuntino e Gioele racconta di esser nato ad Ancona e di avere due grandi passioni: la chitarra, che suona per vincere la malinconia che a volte lo assale quando è solo, e la pittura. Chiacchieriamo del più e del meno ma dopo un po', banale nella sua inevitabilità, ecco la domanda che Gioele si è sentito fare tante volte: come mai a Berlino? "È la stessa vocazione che mi ha spinto a scegliere Filosofia all'Università di Macerata. Qui spero di trovare quegli stimoli, anche culturali, che non ho trovato in Italia", dice tutto d'un fiato. Poi si ferma, come a volere scavare nei ricordi, ma è solo un attimo.

"In Italia potenzialità e capacità a livello di singoli non mancano. Anzi. Ma c'è un livello d'attenzione carente verso i giovani. Io, come tanti altri miei amici, pur non aspettandomi molto, ho provato a bussare alle porte della Regione ma non ho avuto nessuna risposta. Scrivi, tenti di mettere in piedi qualche progetto ma in cuor tuo sai già che non succederà nulla. Tutto questo più che insensibilità io la definirei 'carestia culturale'".

Dopo la laurea, e dopo avere capito l'aria che tirava in Italia, fu inevitabile la scelta di fare le valigie e tentare l'avventura all'estero. "Che cosa mi aspetto ora? Di cominciare a vedere le cose con una diversa prospettiva. Di continuare nel mio campo e avere un approccio più profondo con quella che io definisco consulenza filosofica".

Il discorso si fa complesso e Gioele si rende conto che, a beneficio di chi la filosofia l'ha magari anche studiata al liceo, ma non l'ha approfondita, si rende necessaria una qualche spiegazione. E allora si comprende pure perché la scelta di emigrare in Germania.

Gioele parte da lontano. “La consulenza filosofica è una disciplina fondata da Gerd B. Achenbach, filosofo tedesco nato ad Hamelin nel 1947, che si propone come alternativa alla psicanalisi. In parole semplici, Achenbach indica nella maieutica socratica la soluzione ai problemi del paziente. È una nuova branca che si pone in forte alternativa allo schematismo della scienza psicoanalitica. In gergo tecnico viene chiamata ‘Philosophy practice’. Si tratta di una specie di dialogo filosofico che si esprime attraverso l’esternazione delle difficoltà. In Germania questo tipo di studio è molto avanzato ed è riconosciuto a livello professionale. Vorrei quindi fare un master e specializzarmi per diventare consulente filosofico. Penso, per fare qualche esempio, a psicologi come Husserl o Jung e al loro approccio scientifico-psicologico. Ecco, qui a Berlino intendo attualizzare e rispolverare questi temi. Ho messo in conto che non sarà facile ma almeno qui mi misuro con me stesso avendo un traguardo che mi sono prefissato. Vorrei costruire un futuro sulle certezze del presente e non sulle false promesse che ho sentito fare quotidianamente in Italia”.

“E con il tedesco come la mettiamo?”. Quelli che Gioele si propone di affrontare sono argomenti difficili da approfondire, che richiedono una buona padronanza della lingua.

“Vero. Anche se avevo già studiato il tedesco a Macerata, adesso il mio primo e pressante impegno è proprio quello di perfezionarlo, e sono già impegnato su questo fronte. Certo, le difficoltà non mancano, ma sono aiutato dal fatto che la lingua tedesca mi ha sempre attratto per la sua complessità fin da quando frequentavo il liceo linguistico. Nella precisione e nella profondità delle parole e dei significati mi ci immergo come in un gioco perverso. Faccio un esempio: prendiamo il verbo dovere. In tedesco si può tradurre con *mussen* e con *sollen*. Quando uso questo, so che il verbo esprime un valore morale come autoimposizione coscienziosa verso il giusto. Ad esempio: devo smettere di fumare. Devo, obbligatoriamente, fare una determinata cosa. *Mussen*, invece, incarna l’imperativo categorico, causa e fine. Ci rendiamo conto di quanti sono gli spunti per crescere e per arricchirsi?”.

Gioele sa di rischiare, con queste affermazioni, di essere annoverato nella schiera degli esterofili. Ma non si preoccupa più di tanto. E quando gli si obietta che forse si esagera a negare la totale mancanza di stimoli culturali in Italia, pur replicando con un "sicuramente", dalle sue idee non arretra più di tanto. "In Italia, in ogni caso, per i giovani vi sono condizioni di opportunità molto minori rispetto a quelle che offre la Germania. Faccio un esempio. Da noi chi ha qualche velleità artistica è considerato in molti casi uno scansafatiche e se non hai le conoscenze giuste difficilmente puoi metterti alla prova e meno che mai sfondare. Io amo la pittura, mi ci sento portato, vorrei misurarmi in futuro con questa arte ma in Italia come posso immaginare di poter allestire una mostra se qualcuno di importante non mi appoggia? Ebbene, a Berlino ci sono finanziamenti statali per aiutare chi vuole mettersi alla prova. Fino a poco tempo fa qui al *Tacheles*, la Casa dell'Arte, c'erano almeno una ventina di artisti italiani su un totale di ottanta. Quasi tutti giovani che offrivano il loro contributo artistico in una specie di laboratorio. E in cambio ricevevano anche un compenso in denaro. Non mi risulta che esista qualcosa del genere in Italia".

"Possiamo allora dire che Berlino può rappresentare per tutti i Gioele italiani il paradiso terrestre?". Il Gioele da Ancona scuote la testa ma non demorde: "non esageriamo. Per quel che mi riguarda penso però di poter raggiungere, lavorando duro, i miei obiettivi professionali e artistici. In questa città dove, lo dico senza remore, le difficoltà non mancano, si sente comunque che c'è uno spazio per i giovani. In Italia se non hai soldi puoi fare poco. Faccio un altro esempio che conferma quanto ho appena detto. Niklas Luhmann, nato nel 1927 a Luneburg, in Sassonia, ai tempi della Repubblica di Weimar, era un sociologo-filosofo il quale sostiene che 'gli elementi principali del sistema sociale non sono gli uomini, ma gli effetti della comunicazione che, precisava, deve produrre altra comunicazione'. Il concetto è: senza comunicazione non esiste nessuna forma di crescita sociale. Il suo pensiero si basa su organizzazione e interazione. A questo mi ispiro, e questo modo di pensare in Italia è inconcepibile".

Parlare di comunicazione – e di comunicazione riferita all'Italia, in particolare – ci porterebbe molto lontano e allora ripieghiamo sulle difficoltà che anche in Germania Gioele non nasconde di avere trovato. A quali difficoltà il giovane anconetano approdato a Berlino si riferiva? "Abbandono i grandi concetti per scendere nella quotidianità. Mio padre guadagna 1.300 euro al mese e me ne invia 360. Con questi pochi soldi mi devo mantenere. Attualmente ho una stanza in comune con un altro studente della Freie Universität, nel quartiere di Zehlendorf, dove vi sono altri studenti italiani che frequentano l'Erasmus. Non pago molto, ma in seguito avrò bisogno di una stanza tutta mia e la somma che ho stabilito di spendere per l'affitto sarà di circa 250 euro mensili, forse più. Il resto di quello che ricevo mi deve bastare per tutte le altre esigenze. Cucino da solo, mi muovo con la metropolitana, che a Berlino per fortuna funziona molto bene, e risparmio su tutto ma penso che, alla fine, dovrò cercarmi un lavoro part-time. Che tipo di lavoro? Ho un sogno nel cassetto. Sono venuto in questa città perché, come forse s'è capito, un'altra mia grande aspirazione è quella di fare il pittore. Con una stanza tutta per me vorrei creare e poiché a Berlino le gallerie d'arte non mancano, e gli artisti indipendenti che hanno qualcosa da dire sono ben accetti, penso addirittura di fare una mostra. Ad Ancona un sogno del genere non avrei mai potuto coltivarlo. Sì, mi rendo conto di essermi assegnato sfide non facili. Al momento, però, mi sento pieno di energie e, anche se può sembrare un paradosso, volo tenendomi bene attaccato a terra. In questi tempi caratterizzati dalla globalizzazione e dalla competitività, credo che una delle strade da seguire sia quella dell'arricchimento culturale. Ho un maestro che mi dà lezioni – gratis, e gliene sarò sempre grato – e mi svela alcuni segreti della pittura. Non approfittare di questa opportunità e rinunciare a capire se ho davvero un qualche talento per proseguire sarebbe un peccato. Mi fa rabbia constatare che in Italia occasioni del genere non possano capitare. Basti solo pensare ai costi delle tasse universitarie. Io qui ho invece la possibilità di andare avanti, di provare, anche se dispongo di una piccola somma. Ora devo procedere per passi, e la prima cosa che vorrei ottenere, come dicevo, è un piccolo spazio tutto per me. A Berlino anche gli affitti, come le case, costano molto meno che in Italia e con 250 euro al mese qualcosa si riesce a trovare. I problemi sono altri. Ci sono ad esempio giri che definirei strani. Gente che guadagna speculando sulle necessità degli studenti, operando nei loro confronti vere e proprie selezioni sulla base del gruppo etnico di appartenenza o della fede religiosa che professa. Aggiungo, a scanso di equivoci, che la gente a Berlino è, nella stragrande maggioranza, cortese. Ma può anche succedere che la ricerca di una stanza da prendere in affitto provochi dubbi e diffidenza. In alcuni casi ho dovuto superare veri e propri test. Come quando mi sono state messe davanti delle penne di diverso colore e la decisione se affittarmi o no la stanza era subordinata alla penna che avrei scelto. Mi sono sentito scrutato nell'intimo e ho provato un grande disagio. È stata l'unica esperienza negativa. Che non ha però cambiato l'idea che mi sono fatto di questa città. Se non fosse stato così, me ne sarei già andato. Io vengo da una piccola realtà come Ancona e qui ho ritrovato una dimensione umana insospettabile in una metropoli. A Berlino ci sono tante cose da scoprire e le scoprirò quando sarò meno impegnato con lo studio all'università Humboldt. In alternativa, a seconda della piega che prenderanno i miei progetti, potrei andare a Padova e iscrivermi a quello che si chiama 'percorso di laurea congiunta'. Un anno in Veneto e poi ancora in Germania, a Jena, la città una volta della Germania Est, dove hanno studiato Hegel, lo storico dell'arte Winkelmann e il poeta del romanticismo Novalis. Cosa mi aspetto da chi ho lasciato in Italia? Un grande 'in bocca al lupo'. Mi basta solo quello. Davvero!".

IN VIDEO VERITAS

"Le dico subito che non sono laureato e questo ha quasi il sapore di una scusa alla mia famiglia. Non sono innamorato, ma sto lavorando per esserlo e non sono vegano, come molti dei miei amici, parecchi dei quali tedeschi. La mia dieta è strana, seguo i principi della nutrigenomica e dei cosiddetti super-food. Mangiare strano non è una novità qui a Berlino, del resto è una città di artisti!".

Timido e schivo con queste parole Simone Golinelli rompe subito il ghiaccio dopo aver esaurito i rituali della nostra conoscenza.

Il luogo dove ci siamo incontrati è Skalitzers Contemporary Art, nel quartiere di Friedrichshain. Un immenso salone fondato nel 2009 dove sono permanentemente esposti pezzi d'arte contemporanea di artisti emergenti e non del panorama internazionale.

Questo immenso spazio espositivo di 400 metri quadrati, dall'impronunciabile nome, è situato presso le ex officine ferroviarie, il *Reichsbahnausbesserungswerk* (RAW), una volta adibito alla riparazione di carrozze ferroviarie e utilizzato come sito industriale ai tempi della DDR (fino al 1989).

Il complesso sorge sulla famosa Revaler Strasse, poco distante dal capolinea Est della linea 1 della metropolitana, fermata Warschauer Strasse.

Friedrichshain è un quartiere fluido, camaleontico e contraddittorio come fosse indeciso sulla propria identità. Palazzi occupati, decrepiti e siti industriali che si trovano vicino a lussuosi edifici ottocenteschi. La via principale, la Karl Marx Allee, è quella in cui l'armata rossa si aprì la strada per occupare Berlino negli ultimi giorni del secondo conflitto mondiale. È interessante camminare per questo quartiere e scoprire l'impronta che i russi hanno lasciato nello stile architettonico quando c'era ancora la DDR. Stile che contrasta con gli edifici di altri quartieri non troppo distanti, ma incontaminati dall'influenza sovietica di allora. Proprio qui a Friedrichshain è rimasto il pezzo più grande del muro di Berlino: oltre un chilometro di cemento verticale che ora prende il nome di East Side Gallery. Artisti di tutto il mondo hanno lasciato su questa parete la loro firma indelebile, trasformando il grigio cemento del muro in una tra le più grandi gallerie d'arte all'aperto del globo.

È sicuramente un quartiere in forte espansione, questo, dove il rapporto qualità-prezzo degli affitti è più conveniente che in altre zone. Un angolo della città pieno di eleganti bar vintage, ristoranti di ogni tipo e club tra i più famosi della capitale.

L'immensa stanza in cui ci troviamo è praticamente vuota: soltanto quadri di grande dimensione e privi di cornice appesi a muri di pietra viva, senza intonaco. Una parete è costituita da grandi finestre e una flebile luce filtra dal cielo grigio. È la sola illuminazione dell'ambiente. Ci sediamo su una pedana utilizzata per l'appoggio di materiale industriale e, prima di iniziare, Simone estrae dallo zaino tutto l'occorrente per preparare una sigaretta.

Barba non fatta da qualche giorno, sigaretta che pende dalle labbra, occhi socchiusi per difenderli dal fumo. E inevitabile pensare al decadentismo, forse anche complice il contesto desueto e fatiscente in cui ci troviamo. Che stia volutamente cercando quella "correspondence", quell'abbandono all'empatia, tipici degli eroi decadenti di fine Ottocento, penso, mentre lo osservo in silenzio e attendo l'inizio del suo racconto.

"Sono nato a Carpi, in provincia di Modena, 37 anni fa e nel '94 mi sono diplomato in elettronica all'Istituto Tecnico Leonardo Da Vinci. Poi ho assolto ai miei doveri di cittadino e sono partito alla volta di Udine per fare il militare, nel corpo degli autieri. Tappa obbligata per quei tempi. Era un buon modo per formare il carattere anche se ammetto che adesso il modo di fare esperienza è cambiato".

"E dopo?" chiedo.

"Preciso che in quel periodo non avevo ancora una visione chiara di quello che avrei fatto da grande. Io, come altri miei coetanei, siamo stati risucchiati dal settore tessile. Negli anni '90 le felpe facevano guadagnare parecchi soldi e Carpi era diventata un carosello di macchinone e ville con piscina".

Dico a Simone che possiamo darci del tu, sperando che questa concessione lo faccia sentire a proprio agio nel confidarmi le peripezie del suo passato. Lui sorride, guarda fuori dalla finestra, come per controllare se il cielo è sempre grigio, e spegne la sigaretta sbuffando il fumo dell'ultima tirata.

"Perché non sei rimasto nel settore tessile? La prospettiva di parcheggiare la tua Ferrari davanti alla tua villa con piscina non ti allettava?" chiedo provocandolo e facendo leva sulla più comune delle debolezze umane, quella del denaro.

"Non vedevo chiaro il mio futuro, ma sapevo che non ero felice", mi risponde facendo una pausa per controllare l'esito della sua perifrasi. Io non mi scompongo per non dargli la soddisfazione che cerca e mi limito ad accennare un "sì" con la testa come ad invitarlo a continuare.

"C'era qualcosa già allora che mi spingeva al viaggio e che di conseguenza non mi faceva sentire a casa, nell'unico posto che casa poteva essere chiamato. Complice di questa sensazione, forse, i tanti viaggi fatti con la famiglia: Messico, Cina, Stati Uniti, Egitto, mezza Europa. Anno dopo anno il mondo mi si srotolava davanti e io lo congelavo con la mia Minolta 35 mm, ma senza mai viverne quella quotidianità necessaria per essere contaminato da una cultura. Ero un turista dopo tutto!".

Lo ascolto parlare della sua macchina fotografica, e intuisco che la sua attuale professione è quella del videomaker. Aggiungo alla mia curiosità non solo le fasi che lo hanno spinto a Berlino, ma anche le motivazioni che lo hanno portato dalla fotografia, cristallina e statica, verso qualcosa che include il movimento come nel video.

"Lasciato il tessile, con un colpo di fortuna, trovo lavoro in una sala Bingo. Faccio carriera e dopo poco tempo arrivo ad esserne il direttore. Una bella esperienza. Con il senso del dovere che mi accompagna o che a volte mi perseguita, aveva trovato terreno fertile. Tante le responsabilità, ma anche un buon stipendio. Ero andato a vivere da solo in quegli anni e guadagnare bene alleggeriva l'incombenza del mio mutuo. E intanto i viaggi continuavano: Maldive, Giamaica, Marocco. Alla fine, però, tornavo sempre a casa, a Carpi".

Per qualche secondo ripenso ai miei di viaggi di inviato Rai e mi ritrovo ad annuire ascoltando le parole di Simone. Mi viene in mente un antico proverbio cinese che dice "Chi torna da un viaggio, non è mai la stessa persona che era quando è partito".

"L'esperienza Bingo durò qualche anno, riprende Simone, fino al giorno in cui la società proprietaria venne accusata di illeciti finanziari e la mia e altre cinque sale, dello stesso circuito, furono chiuse dalla sera alla mattina. Seguì un periodo piuttosto duro. Mille lavoretti senza prospettive, il precariato come un fango, la pressione del mutuo che continuava a batter cassa e la voglia sempre più forte di andar via".

"Questa esperienza di essere coinvolto nella precarietà italiana deve essere stato un buon allenamento per Berlino – lo interrompo –. Parlando con la gente, sembra che anche qui di insicurezze ce ne siano molte..." incalzo.

"Le insicurezze sono prima di tutto da risolvere dentro di noi, quelle all'esterno sono difficoltà". Mentre mi risponde noto una leggera malinconia che vela il suo sguardo e, forse per nasconderla, subito si accende un'altra sigaretta cercando conforto nel tabacco.

"In ogni modo fu per uscire da quel periodo che lasciai l'Italia. In quegli anni arrivò la svolta. La mia compagna di allora, mi disse: 'Ok, sono pronta, partiamo!'. Non ce l'avrei mai fatta senza di lei; come se la soglia di casa fosse troppo spessa per essere attraversata senza aiuto. Appartamento affittato, macchina venduta, una valigia ingenuamente troppo grossa e così venne la Spagna. Andammo a vivere a Tenerife. Una quotidianità tutta nuova, una lingua da imparare, un sogno che si trasforma in realtà.

Lavorai come lavapiatti per qualche mese, poi, cercando un possibile *fil rouge*, decisi di diventare istruttore subacqueo per sfruttare i miei brevetti e continuare a vivere in giro per il mondo, così come mi vedevo nei miei sogni. Due anni dopo l'arrivo a Tenerife, con una certa padronanza dello spagnolo, dell'inglese e, soprattutto, con una nuova professionalità, mi spostai nella Repubblica Dominicana. Restai un anno ai Caraibi, l'oceano era il mio ufficio. Fu in quel periodo che venne a galla, è il caso di dire, la mia passione per i video. Un amico che aveva un'impresa di riprese subacquee mi chiese di aiutarlo e quindi terminato il mio turno da istruttore, nel tempo libero, imparai a montare i video da vendere ai clienti. Ero l'unico che parlava solo tre lingue e quindi decisi di rientrare in Europa per risolvere un senso scomodo di inadeguatezza. Decisi, in preda alla mia irrequietezza, di andare a vivere a Parigi per studiare il francese e rientrare ai Caraibi quanto prima, ma non vi tornai mai più".

"Dopo qualche mese a Parigi, dove ebbi anche la possibilità di realizzare un paio di progetti personali, decisi che dovevo strambare: trasformare la passione per i video, evoluzione di quella per la fotografia, in una vera professione. Provai ad entrare in una scuola di cinema a Torino, ma non mi accettarono e fu una fortuna. Venni a sapere di un corso di montaggio cinematografico all'Università della Catalogna, inviai il mio curriculum e la mia nuova casa divenne Barcellona".

Mentre seguo Simone comincio a pensare che sedersi su delle ruvide pedane, come fossero delle panchine, non era stata una grande idea. La mia schiena dolorante mi informa che il gesto è sicuramente artistico, ma tutt'altro che comodo. Eroicamente continuo ad ascoltare l'affascinante racconto. Penso ad un'altra protagonista di questo libro che, da Barcellona, si era spostata a Berlino e mi chiedo se anche per il mio interlocutore sia avvenuto lo stesso.

"Durante l'anno scolastico, sempre a Barcellona – prosegue Simone – collaborai con un ragazzo argentino che stava insegnando in alcune scuole dove si svolgevano corsi di regia. Viveva a Berlino già da parecchi anni e Barcellona era per lui solo una parentesi lunga quanto il percorso di studi. Fu lui il primo a parlarmi della capitale tedesca. Mi disse che se non avessi trovato la mia realizzazione professionale in Spagna, forse Berlino mi avrebbe dato qualche possibilità in più. Terminai gli studi in Spagna e poi accettai un ingaggio come istruttore di sub all'isola d'Elba. Vi lavorai durante la stagione estiva per fare due soldi e ripartire quanto prima. Così iniziai a cercare casa già allora ed il successo di questa operazione divenne, fin da subito, palesemente improbabile. Trovare casa dall'Italia, senza parlare una parola di tedesco? Più facile un terno secco! Ormai prossimo alla rinuncia, per un colpo di fortuna, mi venne offerto un appartamentino per due mesi. Proprio quello che faceva al caso mio".

"Il fattore alloggio, qui a Berlino, è uno scoglio iniziale su cui molti vanno a sbattere", dico interrompendo Simone, alludendo ironicamente al suo recente rapporto con l'acqua. Resto in argomento. "Ho sentito che capita sempre più spesso di trovare casa solo per un tempo determinato. La gente sverna in posti caldi o semplicemente viaggia e subaffitta la casa. È stato così anche per te?", domando.

Simone osserva pensieroso le tele appese, come se gli desse fastidio essere inserito in un insieme di persone accomunate dallo stesso destino.

"Per chi subaffitta il risultato è quello di doversi cercare una nuova casa ogni volta che il proprietario rientra. Questo giochetto non ti permetterà mai di avere un contratto di affitto e nemmeno il cosiddetto *Anmeldung*, quella sorta di certificato di residenza senza il quale è come se tu non esistessi. Ricordo che qualche mese dopo essere arrivato avevo trovato lavoro in un ristorante, non avevo la registrazione e lavoravo in nero. Il problema è che per affittare una casa, devi mostrare le ricevute delle tre ultime buste paga, ma senza contratto di lavoro, che non puoi ottenere perché sei senza *Anmeldung*, non riesci ad affittare un appartamento e di conseguenza a prendere la residenza. In sostanza continui a essere invisibile, bloccato in un girone di burocrazia. Ho saltellato per parecchio da un luogo all'altro, sempre in subaffitto. Il primo contratto solo nove mesi dopo il mio arrivo".

Suggerito da Simone, ripenso a Dante con la sua legge del contrappasso e mi chiedo, tra il retorico e l'ironico, quali peccati debba scontare. Guardo anch'io il cielo oltre le finestre, plumbeo, grigio e ne approfitto per chiedergli la data del suo sbarco a Berlino.

"Sono arrivato il 15 novembre del 2012 ed ho vissuto in un appartamentino di 5 metri per 3, a Kreuzberg. Era tanto piccolo che i fornelli si trovavano al posto del comodino, ma per me era come fosse stato un castello, per via della enorme fatica che avevo fatto per trovarlo.

I primi momenti in un posto nuovo sono i migliori, forse per questo non vorrei mai fermarmi. C'è una sorta di spaesamento che accompagna l'inizio di una nuova coscienza. Come un sottile fremito, una leggera paura che mobilita le gambe e ti spinge fuori cercando contrasti e collegamenti con il tuo passato.

Cercai una scuola di tedesco e una settimana dopo il mio arrivo ero già sui banchi. L'ottanta per cento degli studenti erano artisti, pittori, musicisti, registi... Iniziai a conoscere gente, stringere contatti, dar vita a progetti con una velocità mai vista altrove. C'è fermento a Berlino, come a New York negli anni Ottanta. Singolarità artistiche al servizio di progetti comuni. Un collettivo di menti creative che offrono ciò che sanno fare; ma non ci sono soldi. La moneta è la visibilità. Un arcaico baratto nella speranza che, facendo la tua strada, venga a galla qualcosa di concreto. L'aspetto più stimolante di Berlino quindi è questa libera permuta creativa che, però, finisce per essere il suo tallone d'Achille. Una gabbia dove le sbarre sono la mancata retribuzione per quello che fai. Berlino, quindi, trova la sua identità ridimensionandosi a città di passaggio. Un crocevia quasi obbligato per tutti gli artisti. Arrivi, cresci, crei, ma quando vuoi alzare l'asticella una tacca più in su e vorresti vivere della tua arte, Berlino diventa stretta come un maglione lavato male".

"Non capisco – chiedo perplesso –. La retribuzione è una delle cose che dà valore a quello che fai. Il detto 'più costa e più vale' non è sempre vero, ma non essere pagati sminuisce il valore delle tue opere. Come vivi questa situazione?", domando per chiarire un concetto che mi sfugge.

"Sicuramente non è piacevole, ma amo quello che faccio e se il lavorare gratis è parte di un percorso, allora questo è un compromesso che sono disposto ad accettare. Siamo davvero tanti artisti a Berlino, raggruppati qui da tutto il mondo, alla ricerca del nostro futuro professionale. Stringere contatti e produrre qualcosa diventa facile, ma per lo stesso motivo risulta improbabile emergere e distinguersi. Il mercato, si sa, è una legge e dato che qui l'offerta è tanta, la domanda s'intoppa. Berlino è satura. I prezzi aumentano, gli affitti esplodono, e camminando per strada si respira una strana atmosfera: sembra che qualcosa stia per regredire. È come se Berlino fosse la città del 'c'era una volta'. Era economica, era accessibile. La città del tempo imperfetto. Una consapevolezza amara".

Simone si interrompe, si guarda attorno come per cercare conferme dai muri scrostati e dal cemento polveroso del pavimento, poi continua. "Una Berlino piaciona e luccicante che forse diventerà come Londra, nell'arco di pochi anni. La meravigliosa Berlino ruvida e decadente sta scomparendo. Cammini per strada e scopri a ogni angolo palazzi dimenticati, abbandonati, e in quei mattoni anneriti che chissà cosa hanno visto impari ad amare una città che della decadenza ne ha fatto un'identità. La Berlino delle calze bucate, delle *shopping bag* appese ad una spalla, dei *Parca* militari, quelle giacche verdi che in molti indossano e dei *Club Mate*, l'analcolico alla moda. La Berlino seconda mano, punk e meno sorridente di un tempo". E, mentre si esprime con le mani e lo sguardo, Simone mi indica l'ambiente che ci circonda come se fossimo seduti dentro l'esempio stesso dei suoi concetti.

"Trovo un po' riduttiva e deludente la tua versione della città", commento cercando una diversa visione d'insieme che credo gli stia sfuggendo. “Luoghi come Potsdamer Platz sono una meraviglia di architettura, tutt’altro che decadente”.

Simone si ferma un attimo, chiude un’altra sigaretta come se la ripetitività di quel movimento lo aiutasse a riordinare i pensieri e prosegue, ricordandomi Pompeo che invita Cesare a deporre le armi:

“Qualche tempo fa mi è capitato di vedere un documentario sulla Gentrification, la speculazione edilizia – mi confida –. Ebbene, ho scoperto che il governo usa gli artisti per rivalutare intere aree, offrendo loro spazi in zone claudicanti a un prezzo vantaggioso. Gli artisti quindi popolano il ghetto, aprono gallerie e spazi espositivi. Ecco che a quel punto il valore del quartiere sale. Dalle macerie di vecchi palazzi nascono sobborghi nuovi di zecca. A Mitte e Prenzlauerberg questo processo ha già avuto luogo. Quartieri interi ristrutturati e rivenduti a caro prezzo. In ogni modo sono d’accordo, Potsdamer Platz è di una bellezza disarmante”, conclude sorridendomi e cercando, in maniera inattesa, la mia complicità. Gli sorrido a mia volta e, prima che io possa formulare una nuova domanda, Simone continua come rinvigorito dalla mia estemporanea partecipazione.

“Tralasciando gioie e dolori architettonici, Berlino resta ad oggi una delle città più economiche d’Europa. Questo è sufficiente per chiamare qui tutti quei giovani e meno giovani che altrove non hanno trovato una dimensione. L’ottanta per cento delle persone che conosco sono personalità problematiche, dal passato complesso. Una fauna instabile, che in questo mondo in crisi arriva qui credendo sia più facile di quello che in realtà è. Mi ci metto in mezzo anche io, che procedo per sbandate e colpi di cuore, chiamando in causa il destino più che altro per assolvermi”. Mentre pronuncia queste parole, Simone spegne la sigaretta sul legno accanto a sé e, per un secondo, il gesto mi appare come un punto alla fine di una frase o di un concetto. Non vedo però la precedente malinconia nel suo sguardo. Ora mi sembra di cogliere una leggera allegria, come se la descrizione appena fatta lo compiacesse. Spero per lui che sia così, nonostante un inizio professionale incerto; spero che ormai alla sua età abbia capito chi è, ma decido di sorvolare e concentrarmi su Berlino.

Con il mozzicone ormai spento tra le mani continua: “Ad ogni modo qui poi tanto facile non è! A cominciare proprio dal tedesco, così ostico e lontano dalla nostra lingua. Centomila vocaboli in più della lingua italiana. Qualcosa da studiare con costanza ed ostinazione. La dicotomia del tedesco: un filtro che ti fa sentire come davanti a un muro, che blocca chi non lo vuole imparare e premia i più determinati. E qui di muri ne sanno qualcosa". Io sorrido, colgo l'allusione, e aggiusto la mia posizione alla ricerca di una seduta più comoda.

"Perché senza la lingua, gli stranieri sono come dietro un vetro, come se fossero in uno zoo".

Continua sempre filosofico Simone.

"Senza lingua si mercanteggia, si rimane immigrati, ghettizzati perché analfabeti. L'inglese va bene, i tedeschi lo parlano, quindi alla fine non è impossibile comunicare, ma come dicevamo prima è una questione di livelli. Se vuoi salire, la lingua diventa obbligatoria".

A questo punto, dopo aver ascoltato con attenzione, mi rivolgo ancora a lui: "Simone – dico – mi viene in mente un filosofo tedesco del nostro secolo, Theodor Adorno il quale sosteneva che 'La logica della storia è distruttiva come gli uomini che produce'. A Berlino hai problemi con la lingua, problemi con la casa, lavori gratis. Perché, allora, hai lasciato l'Italia? Perché sei qui?", domando con un pizzico di aggressività.

Simone sorride, come a suggerirmi che la stessa domanda gli è già stata formulata da altri o, forse, perché se l'è fatta lui stesso.

"Quello che non mi piace dell'Italia è che spesso il talento passa in secondo piano. Le capacità artistiche ed espressive perdono il confronto rispetto ad un titolo di studio. Come se soltanto una laurea fosse l'unica e vera cartina di tornasole della creatività e della capacità. Quello che hai costruito nella vita, se non è supportato da un titolo di studio, non conta nulla. Le tue opere, se sei un artista, non vengono nemmeno prese in considerazione. Quello che ti classifica è la laurea che, forse, è stata pure acquistata. Non neghiamolo. Questo è ciò che succede da noi!

Ho tentato varie volte di trovare un lavoro nel mio settore in Italia, ma essendo autodidatta ero perdente in partenza. Ecco perché sono andato in Spagna a studiare. Alla fine mi sono convinto che quel pezzo di carta, per chi doveva assumerti, era tutto, mentre qui a Berlino accade il contrario. Ecco una caratteristica positiva della città. Qui, se sei bravo e hai talento, non importa a nessuno dove hai imparato a fare quello che sai fare, se nel buio della tua stanzetta o tra i banchi di una scuola.

Ho amici di vecchia data che terminata l'università sono dovuti andar via, arricchendo quei dati statistici che sempre più spesso fanno riferimento alla famosa fuga dei cervelli. Il loro lamento e motivo di addio all'Italia è che da noi non si spende in ricerca, tutto resta fermo e stagnante. Manca l'occhio al futuro, manca intraprendenza. Nel mio campo, quello video-artistico, il percorso che ti si presenta è sempre lo stesso: abbandonare l'Italia. Quello che accade è la mancata valorizzazione di un classicismo italiano che ha segnato la storia. Un cinema, il nostro, che ha dettato legge e che ora sta scomparendo. Quello che a noi manca è tramandare questa cultura, farla rivivere e, perché no, reinventarla, rinominarla e diffonderla. Bisogna creare e far vedere che siamo ancora capaci di portare eccellenze nel mondo. Anche senza scomodare la settima arte, per rimanere con modestia nel campo dei videoclip e dei cortometraggi, ripeto che in questo settore non c'è innovazione. I nostri prodotti sono sempre meno raffinati. Spesso ricalcano tecniche e contenuti già visti, come se copiare qualcosa che funziona per gli Stati Uniti, ad esempio, fosse un successo sicuro anche in Italia. Un altro aspetto provinciale tutto nostro. Trascorro, per studiare, molto tempo a visionare video su piattaforme come Vimeo. Ebbene, i cortometraggi più belli sono tutti francesi e tedeschi. E ora torniamo a Berlino. Sono qui perché se hai talento allora vai avanti. La meritocrazia non è una chimera, ma finalmente una modalità. Lo ripeto: non importa a nessuno chi sei, che scarpe ti metti o in che scuola hai studiato, se sei bravo, ti assumono. Sono le tue capacità ad essere valutate, non la tua persona. C'è sperimentazione di nuove tecniche e nuove forme di linguaggio audiovisivo, forse frutto dell'amalgama umana che qui è tanto diffuso, la volontà del nuovo, del diverso, del non visto prima, senza la schiavitù emulativa tanto presente da noi".

Le parole gli escono con lo stesso impeto di un fiume in piena. Per questo chiedo ancora: "Resti a Berlino?".

"Certo! Qui ho già fatto esperienze come assistente di montaggio in un lungometraggio, ho collaborato a una importante pubblicità, a vari video clip e sono in attesa di vedere come si svilupperà un mio progetto di partecipazione a un importante festival del cinema".

Ormai si è fatto tardi e a chiedere di terminare velocemente questa intervista è soprattutto la mia schiena, sempre più dolorante.

"In un futuro, tornerai in Italia o Berlino è diventata la tua patria?", chiedo quasi a chiudere il cerchio.

Simone sorride e alza le spalle. "Non lo so, tante cose non sopporto dell'Italia, ma questo non significa aver preso una decisione definitiva. Non voglio rinnegare le mie origini, ma all'estero per adesso sto meglio e con questo non intendo solo Berlino. È questione di possibilità, e qui credo ve ne siano di più. Certo, se mi offrissero un posto di lavoro valido, o mi dessero la possibilità, come è già successo, di girare e montare dei videoclip di Band italiane, tornerei senza problemi".

Ci alziamo mentre nella stanza accendono dei fari artificiali per compensare la poca luce che ormai entra dall'esterno. Simone ed io ci stringiamo la mano e ci avviamo verso l'uscita, passando accanto a quadri astratti come fossero macchie di colore, che fatico a capire. In fondo, come diceva Thomas Mann, scrittore tedesco del secolo scorso, "l'arte non è una forza, ma soltanto consolazione".

RICICLO ERGO SUM

"Una volta c'era il famoso sogno americano. Adesso, in tempo di crisi, dobbiamo accontentarci del sogno tedesco. A Berlino incamero esperienze che, grazie a determinazione e sacrifici, spero mi potranno servire a costruire il mio futuro". Si presenta così Carla Cixi, dopo avermi dato appuntamento al caffè Syndicato[1], in Weinbergsweg, nei pressi di Rosenthaler Platz e, come a volermi confidare un segreto, per rompere il ghiaccio mi sussurra: "qui sono tedeschi, ma fanno un ottimo espresso".

Siamo nella ex Berlino Est, un tempo al centro della guerra fredda, dove nel 1961 venne eretto il muro che divise la città. Una storia dolorosa mai dimenticata; oggi la città si presenta più viva che mai. Molte le gallerie d'arte, gli appuntamenti culturali e le mostre prese d'assalto dai tanti stranieri che da alcuni anni si sono insediati a Mitte, il quartiere centrale abitato per lo più da giovani.

"Mi racconti qualcosa della sua vita...".

"Sono nata nel 1974 a Iglesias, ma ho sempre vissuto a Domusnovas, un piccolo paese del Sulcis Iglesiente famoso per le sue tradizioni e per le grotte di San Giovanni: un gioiellino che conserva intatto tutto il suo patrimonio. Si trova nella parte Sud occidentale della Sardegna ai piedi del monte della Punta San Michele, 900 metri di altitudine sul livello del mare".

Con orgoglio, Carla – mentre mi illustra le bellezze della sua terra – sfodera una voce grintosa e aggiunge: "Un centro che gode di una posizione e di un clima invidiabili perché non lontano, a una ventina di chilometri circa, c'è Iglesias, con il suo mare rimasto miracolosamente intatto, le sue calette e le sue magnifiche spiagge".

---

[1] Attualmente il locale ha cambiato nome e gestione.

Inarrestabile, senza lasciarmi il tempo di formulare un'altra domanda, prosegue il suo racconto:

"Sono cresciuta in una famiglia che faceva fatica a sbarcare il lunario; mia madre, maestra elementare precaria, e mio padre ferroviere. Da piccola ho avuto parecchi problemi di salute, per fortuna tutti risolti. Prima sono stata operata a Cagliari per una malformazione a un rene e, successivamente, nel 1981, ho subìto un altro intervento a Padova. Momenti di sofferenza che hanno inciso sulla mia formazione e, nello stesso tempo, ricordo che quel mio primo viaggio in Continente, da bambina, a soli sette anni, scatenò in me tanta curiosità e un grande bisogno di riscatto".

"Perché parla di riscatto?".

Carla accenna un sorriso amaro e continua a raccontare.

"Nel 1983 nasce mio fratello. Due anni dopo sono obbligata ad indossare un busto correttivo perché l'intervento al rene mi ha provocato una scoliosi dorso lombare. Così combinata divento facile preda dei miei compagni di scuola che si divertono a prendermi in giro. Termino le medie e su consiglio dei miei genitori frequento il Liceo Scientifico G. Asproni di Iglesias e mi diplomo".

"E dopo?".

"Le solite incertezze giovanili. Mi iscrivo a Cagliari alla Facoltà di Filosofia, supero qualche esame, ma sento che quella non è la mia strada. Una cara amica mi segnala il DAMS di Torino ed io decido di trasferirmi, perché già a quei tempi in Sardegna si avvertiva la crisi economica ed il futuro non si presentava roseo.

Ero piena di entusiasmo – mi precisa – ma ci voleva poco a capire che non ci sarebbe stato futuro. Ricordo che la mamma, per contribuire al bilancio di famiglia, cuciva, lavorava a maglia e a uncinetto.

Non potendo comprarci nulla di nuovo per via di quelle ristrettezze economiche di cui le ho parlato, disfaceva i capi fuori moda e, dando sfogo alla sua creatività, ce li riproponeva con la stessa lana, ma dandoci la sensazione di ricevere regali".

"Al Nord che succede?".

"Nella città dei Savoia comincio ad allargare i miei orizzonti: condivido il mio alloggio con alcuni studenti stranieri, ho voglia di assorbire la loro cultura, voglio capire quali sono i nostri punti d'incontro, voglio analizzare le differenze, comincio a scoprire il sesso, conosco Linda, una ragazza svedese che mi dà lezioni di inglese. Contemporaneamente non perdo di vista la mia passione per l'arte. Alois Riegl ed il concetto di Kunstwollen, l'iconologia di Erwin Panofsky, Roberto Longhi e Lionello Venturi.

Nel 2005 mi laureo a pieni voti in Museologia e critica d'arte con la Professoressa Franca Varallo. Titolo della tesi *Il problema delle mostre d'arte in Italia nel secondo dopoguerra dal 1945 al 1960*".

"Un bella conquista…".

"Mi sono sentita come il prototipo antropologico della isolana che va al Nord, raggiunge un traguardo e scopre che la sua Regione è ancora arretrata rispetto al settentrione e, aggiungo, anche chiusa e poco incline al cambiamento".

Una brevissima pausa e sornionamente Carla addrizza il tiro: "Sono convinta che ci vorranno costanza e sacrificio, ma noi che viviamo lontani dalla nostra Sardegna potremo un giorno dare un grosso contributo per farla crescere sempre più".

"Un tormento interiore il suo. È questo il sogno di cui parlava all'inizio della nostra conversazione?".

"La crescita culturale nella mia isola in questi anni è già iniziata. C'è ancora molto da costruire ma questo riguarda tutto il nostro Paese".

"Mi faccia capire meglio…".

Carla mi lancia una fugace occhiata di sfida e attacca:

"Io sono cresciuta in un clima di insicurezza e di fragilità. Durante l'adolescenza avevo capito che per trovare un posto nella società avrei dovuto evadere, fare nuove esperienze, cercare nuovi orizzonti. Avevo intuito che il mio amato Paese era fermo nei suoi meccanismi e nelle sue ataviche ambiguità. Si intuiva che non c'era la volontà politica di far decollare la Sardegna. Ebbene, lo ammetto, al Nord ho faticato, ma ho avuto la possibilità di arricchirmi interiormente. Ho recuperato l'autostima. Non so dirle se è solo un fattore geografico.

A Torino per mantenermi durante gli studi avevo lavorato in un call-center e contemporaneamente avevo inviato curricula al MOMA di New York, alla Tate Modern di Londra e ad altri importanti musei, ma nulla è successo.

È successo, però, che ho conosciuto un ragazzo, di professione musicista e con lui ho condiviso subito il sogno di espatriare per realizzare uno spazio dove musica, artigianato e altre discipline potessero convivere. Volevo anche verificare se all'estero è vero che non c'è corruzione, se è vero che ci sono più opportunità e se è vero che l'ambiente dell'arte non è elitario".

Brevissima pausa e poi, Carla, come ad inseguire i suoi pensieri aggiunge: "insomma volevo vedere se fossi stata in grado di cavarmela".

"Siamo alla grande decisione, al momento della sfida?".

"Sì, nel maggio 2008, dopo aver racimolato un po' di denaro, con il mio nuovo amore e il mio gatto al seguito partiamo in furgone alla volta di Berlino. Avevamo fatto le dovute ricerche, arrivando alla conclusione che Berlino era economicamente più accessibile di altre capitali europee ma con pari offerte in termini di servizi e proposte culturali. Una capitale stimolante, internazionale. La scelta è stata determinata anche dal fatto che avrei imparato il tedesco e, finalmente, avrei potuto leggere i miei autori preferiti in lingua originale".

Carla ravviva la frangetta dei suoi capelli castani a caschetto e riprende con foga:

"A quei tempi non fu difficile, per noi, affittare un piccolo appartamento nella ex zona Est della città. Alloggiavamo vicino al Mauer Park, famoso per il mercato delle pulci, e lì vicino ricordo i locali frequentati dai giovani artisti: il Kaffee Burger, il White Trash Fast Food, il Bassy Club, la Kastanien Allee, i negozi di dischi e gli atelier che vendevano e ancora vendono vestiti di seconda mano.

Mi si aprirono le porte di un mondo nuovo: un'altra cultura, un'altra lingua, altri suoni, altre abitudini. Mi colpirono in particolar modo le finestre regolarmente distribuite sulle facciate dei palazzi prive di tende e di scuri. Tutte emozioni e stati d'animo che mi riportavano alla tragica realtà della storia recente, al nazismo. Vagavo con la fantasia e pensavo alle spie che divulgavano i loro segreti, ai dissidenti che venivano espulsi e ai numerosi oppositori politici. Soffrivo anche molto...".

"Per cosa?".

Carla d'un tratto assume l'espressione seria di chi vuol fare una confidenza e, nello stesso tempo, rendere più comprensibile il suo pensiero: "Per lo sfregio o, meglio dire, per il disastro della storia. Prima di entrare in questo locale e anche in altre parti della città avrà sicuramente notato, sui marciapiedi, davanti ad alcuni palazzi, dei piccoli quadratini in bronzo con sopra scolpiti dei nomi. Sono i nomi di ebrei deportati, uccisi nel periodo nazista. Una ferita – aggiunge – difficile da rimarginare, che ci riporta alla ferocia di quei giorni”...

“Torniamo all’oggi...”.

“Dei conoscenti tedeschi ci aiutano a risolvere le prime operazioni burocratiche: Anmeldung, ossia la registrazione obbligatoria per la polizia, l’apertura di un conto in banca e ci danno una mano per ottenere i documenti necessari all’iscrizione al corso di integrazione linguistica. Io mi attivo per cercare lavoro ma...”.

“Ma, che succede?”.

“Il sogno in comune con il mio ragazzo sfuma: a gennaio 2009 ci separiamo e lui torna in Italia. Io precipito nella solitudine, ma non mi arrendo e, nonostante le difficoltà economiche, decido di restare a Berlino più ostinata ed aggressiva che mai. Rispondo ad inserzioni pubblicitarie, invio lettere, telefono, e grazie a questo attivismo riesco a insegnare italiano, faccio la ragazza delle consegne, la baby-sitter, la comparsa e piccole riparazioni sartoriali: spesso fa capolino nella mia mente il lavoro a uncinetto che facevano mia nonna e mia madre. Immagini che affiorano sempre dentro di me”.

Carla parla moltissimo, un fiume in piena. Improvvisamente si alza e mi propone di seguirla verso il bancone del locale dove mi precisa: “avevo dimenticato di dirle che qui, oltre a un buon caffè, si può gustare la migliore piadina (romagnola) di Berlino. Sono proprio i titolari, tedeschi, che preparano l’impasto, lo pianano e lo guarniscono con ingredienti freschi. Si sceglie e poi si è serviti”.

Mostro anch’io il mio entusiasmo e, dopo aver deciso, ci riappropriamo del nostro tavolo.

Appena seduti Carla riprende: “le ho accennato alla mia esperienza nel cinema. Come comparsa non pagano molto, ma è stata un’esperienza interessante trovarsi negli studi di Babelsberg, a Potsdam (una cittadina non lontano dalla capitale) e lavorare anche negli stabilimenti di Berlino. Mi è servito per fare confronti: qui si girano pellicole in continuazione: dalle soap opera ai polizieschi, fino ad arrivare ai film distribuiti nelle grandi sale. Un vero business. Serie televisive che acquistano anche in Italia che non sono, a mio giudizio, nulla di eccezionale: eppure le vendono! Noi, invece, nonostante la grande tradizione che abbiamo alle spalle come il neorealismo, cosa facciamo? Nulla!”.

Carla dà una fugace occhiata all'orologio e completa il suo pensiero: "In quel periodo faccio anche domanda per partecipare ad un Master a Lipsia, ma non vengo nemmeno selezionata. Non mi perdo d'animo e decido di iscrivermi all'università per conseguire una specializzazione. In Germania però non vengono riconosciuti molti esami sostenuti in Italia. Mi immergo allora nello studio della lingua tedesca e ottengo la certificazione di livello alto. Concorro per un posto all'università, ma il giorno prima del termine per la conferma dell'accettazione, rinuncio. Non me la sentivo di chiudermi in una biblioteca: volevo vivere la città".

"Dove trovava tutto quel coraggio per ingaggiare continue sfide? Non c'è un po' di autolesionismo in lei?".

"Può darsi, ma io percorrevo la mia strada. Sapevo quello che Berlino avrebbe potuto offrirmi e lottavo.

Allargo le mie conoscenze, mi innamoro di un tedesco e dopo un anno di frequentazione andiamo a vivere insieme. Grazie al mio nuovo compagno approfondisco il modo di vivere dei tedeschi e frequento corsi d'arte contemporanea alla Freie Universität".

"Finalmente un po' di tranquillità...".

"Purtroppo no. Il mio compagno ha spesso crisi depressive, è incapace di perseguire obiettivi con costanza e alla fine decidiamo di lasciarci. Si ricomincia e poco dopo, grazie alle conoscenze acquisite, entro in contatto con il mondo dell'Hand-made.

Propongo, presento progetti a designers, sarte e a tutti coloro che si occupano di quel genere di moda fatta a mano. Capisco che qualcosa di nuovo sta per succedere, che c'è terreno favorevole per intraprendere nuove strade, ma mi rendo conto che è ancora presto per il grande salto. Serve denaro e il costo della vita in quel periodo, a Berlino, aumentava di giorno in giorno. Trovo una collaborazione in una galleria d'arte nel quartiere multiculturale di Neukölln, esattamente a Schillerkietz, e vado ad abitare in quella parte della città".

"Sempre in movimento...".

"Vivere all'estero vuol dire anche questo: osservare, tentare di capire, incamerare conoscenze e non affidarsi, come spesso noi italiani facciamo, alle virtù taumaturgiche della nostra capacità di arrangiarci e di vivere alla giornata. In questo quartiere di Neukölln scopro una nuova Berlino".

"Ossia?".

"Prendo consapevolezza della collettività turca (quasi trecentomila persone) e di quanto questo gruppo etnico incida sulla vita di alcuni quartieri. Mi convinco che i veri berlinesi sono ostili ai grossi cambiamenti e lotto contro i forti pregiudizi nei confronti di noi stranieri. Tutto sta cambiando. Mi rendo conto che siamo di fronte a una vera rivoluzione che non risparmia nemmeno questa zona di Neukölln. Assisto a questa lenta ma inesorabile trasformazione; e continuo a pensare".

"A che cosa?".

Carla mi guarda sorpresa e, sempre più pervasa dalla sua energia combattiva, fissandomi negli occhi come a volermi rimproverare, puntualizza: "a quanto mi avevano trasmesso mia nonna e mia madre con il loro lavoro all'uncinetto e mi autoconvincevo che, prima o poi, avrei dovuto, proprio a causa della grossa trasformazione che avveniva sotto i miei occhi, capitalizzare quello che avevo respirato da piccola in casa e che oggi, con un neologismo ad effetto, va sotto il nome di 'upcycling'".

"Quasi una identificazione ossessiva con la figura materna?".

Carla non riesce a trattenere un sorriso irritato e, con eleganza, schiva la domanda limitandosi a rispondere: "forse sì".

Faccio finta di nulla e riprendo.

"Dopo l'hand-made, l'upcycling, mi aiuti a capire meglio…".

"Semplice. Si tratta di un termine – mi spiega con pazienza – usato per dirci che riciclando materiale di scarto si ottengono nuovi prodotti da reimmettere nel mercato con un valore aggiunto, come ad esempio un design originale che ne può arricchire l'estetica". Carla continua a fissarmi e con l'atteggiamento di chi non vuole stupire, ma convincere, sfodera una frase a effetto: "come dice il chimico economista francese Antoine-Laurent Lavoisier *nulla si crea, nulla si distrugge, tutto si trasforma*".

Brevissima pausa e poi prosegue:

"Capisce adesso a cosa mi riferivo quando le dicevo che ricordavo spesso mia nonna e mia madre? Loro hanno precorso i tempi. È come se avessero tracciato tanti anni fa la strada che mi si presenta davanti oggi".

"E c'era proprio bisogno di venire in Germania? Le sue idee non avrebbero potuto attecchire anche in Italia?".

"Non credo", mi risponde decisa. "Intanto le ricordo – senza rinfocolare i soliti rancori verso il mio Paese – che in questi ultimi mesi piccole e medie imprese stanno fuggendo dall'Italia perché le tasse sono troppo alte, per i pochi incentivi alla ricerca e per la troppa burocrazia. Seguo la situazione politica italiana e devo amaramente constatare che si parla parecchio, ma alla fine si fa poco. E, a proposito delle tante chiacchiere, aggiungo che questo immobilismo, che investe anche la mia Sardegna, intacca fortemente la nostra credibilità internazionale. D'estate vado nella mia terra e constato con dolore che ci sono sempre più amici e conoscenti che si trovano in situazioni di precarietà e disoccupazione. In giro ho notato molta rassegnazione perché mancano le speranze. Comunque non voglio divagare, non voglio approfondire quanto è discreditata l'immagine dell'Italia qui in Germania e quanto io soffra per i numerosi pregiudizi, spesso ingiusti, che continuano a fiorire sul nostro conto. Per risponderle dico che in questi anni ho soppesato le varie opportunità e sono giunta a una conclusione di fondo".

La interrompo bruscamente e chiedo:

"Quale?".

"Quella che nella mia famiglia era per un'esigenza dettata dalla povertà quella di riciclare; in Germania, al contrario, è una vera e propria presa di posizione contro la produzione massificata. Insomma il concetto di upcycling è strettamente connesso ad un discorso di eco-sostenibilità e per questo ritengo che, a Berlino, avrò più possibilità di sfondare di quante ne avrei oggi in Italia: qui c'è un'altra cultura ambientalista. Si crede nel 'recycling' perché si sa che riciclando una bottiglia di plastica si ottiene un'altra bottiglia di plastica o si ottengono delle buste plastificate, oppure, si punta sul 'downcycling', perché si è convinti che riciclando bottiglie si ricava materia grezza per altre lavorazioni. Concetti che possono sembrare noiosi per noi, ma che invece mettono in evidenza quella famosa opportunità del (mio) sogno. Opportunità che, unita a sperimentazione, creatività e caparbietà potrebbero offrirmi una grande speranza per il domani. Mi lasci aggiungere che la vera novità di quanto le ho appena detto riguarda la lotta allo spreco e la voglia di creare un nuovo rapporto tra consumismo e stile di vita più sostenibile".

Carla a questo punto appare più rilassata.

"Convivo con le mie fragilità – mi ripete –, ma sono al contempo determinata ad andare avanti. Il riciclo nel mondo della moda, in Germania, è in grande crescita ed io mi sto dando da fare. Riallacciandomi alla tradizione sarda ho scoperto un'azienda di tinture naturali che vende al dettaglio, sia lana sarda che merinos. Con queste lane, rispolverando le vecchie tecniche di lavoro all'uncinetto ereditato da mia madre, lavorerò per lanciare una linea di accessori che avranno come punti di forza fantasia e originalità. Un'operazione nel solco della buona tradizione del 'made in Italy'".

"A un passo dal successo?".

"È presto per dirlo. Credo nel Paese che mi ospita e nelle mie idee. Diventare piccolo imprenditore qui non è impossibile, soprattutto per i costi. Un solo esempio: per tenere una partita IVA in Germania non si paga nulla ed anche il rapporto con il fisco non è asfissiante come in Italia. In più, ho capito di aver fatto un viaggio reale dalla Sardegna a Berlino, ma di averne compiuto anche uno interiore che ha arricchito ed arricchisce la mia esistenza. L'avventura, dunque, continua in Germania dove c'è meno burocrazia e, in generale, terreno più favorevole che in Italia per coltivare le mie ambizioni, o se vuole, per fare business e dare concretezza ai miei piccoli-grandi progetti".

"Quelli che mi ha appena elencato! O c'è dell'altro?".

"Sto completando proprio per un italiano che vive a Berlino, e che è un artista, un abito con la tecnica dell'upcycling; sto lavorando a un progetto di riciclo di abiti fallati che altrimenti sarebbero destinati a finire nell'inceneritore e, con un'altra collega italiana proprietaria di un negozio, sto valutando una grossa collaborazione per forniture di miei modelli in diversi centri commerciali. Produrre non è difficile in questa città. Sono i prezzi – come le ho già spiegato – che in alcune zone stanno salendo enormemente e, di conseguenza, ogni decisione deve essere presa con grande cautela".

"Insomma si fugge all'estero dove tutto è migliore? Anche il rapporto con la gente e con l'altro sesso?".

"Mi sta portando su un terreno minato – mi risponde Carla – ma non voglio sottrarmi alla domanda. Non vorrei screditare l'immagine degli uomini tedeschi se sostengo che loro, nella maggior parte dei casi, con le donne non prendono iniziative. In famiglia e nel sociale è la donna tedesca che imprime ritmo alla coppia. Credo di non sbagliarmi. Ho letto che anche nel dopoguerra due milioni circa di vedove vennero definite *Trümmerfrauen*, ossia donne delle macerie. Anche allora erano considerate pilastro della società tedesca. Forse la mia relazione con il ragazzo tedesco è finita proprio perché non l'ho sostenuto abbastanza nelle decisioni importanti e lui, da solo, non è riuscito a sopportare il peso della coppia.

Devo però aggiungere che sono molto rispettosi nei confronti del gentil sesso. Posso andare al cinema o a teatro e rientrare la sera da sola, anche in metropolitana, e non rischierò di essere importunata. Qui non ci sono quelle occhiate 'indagatrici' che da noi, spesso, sono troppo insistenti e anche imbarazzanti".

"È vero che i tedeschi sono tirchi?".

"Anche questo è un luogo comune. Io, al di là delle tante leggerezze di giudizi posso portare alla sua attenzione le mie esperienze personali e dire che non si può parlare di tirchieria vera e propria. È un fatto culturale. Con il mio ex le spese le abbiamo sempre divise, perché in Germania funziona così e, anche se ricevo un invito a cena, posso rischiare di dover pagare la mia parte del conto. Abitudini diverse. In fondo questo atteggiamento potrebbe anche non disturbarmi, quello che mi lascia perplessa è l'aridità sentimentale dei tedeschi…".

"Sia più precisa…".

"La confidenza, così come la intendiamo noi latini, qui manca.

Gli uomini sono come rinchiusi in scatolette sigillate e sono incapaci di esternare i loro sentimenti. Da questo atteggiamento derivano i tanti casi di depressione che si stanno verificando e così si corre ai ripari".

"Come?".

"Con politiche sociali che favoriscano aperture verso gli altri: corsi di teatro, di danza e attività che possano aiutare a rimuovere con adeguati meccanismi quei famosi blocchi interiori".

"Fragilità che non avremmo mai immaginato. Quel popolo tedesco allevato nel culto dell'ordine e della perfezione è vulnerabile come tutti?".

"Certo. È questo il bello della vita. Emozioni e percezioni, forza e debolezza con le dovute varianti fanno parte delle esperienze universali. Dobbiamo smetterla di ancorarci a stupide convinzioni e fare di tutto per eliminare certe forme di servilismo. Dobbiamo crescere…".

"Forse è vero. In Italia, però, continuano ad aumentare teorie relative alla durezza e all'egoismo tedesco, specie dopo aver visto come si sono comportati con la Grecia. Si è anche convinti che le tanto criticate ‘raccomandazioni’ italiane siano piuttosto diffuse persino nella perfetta Germania?”.

“Inutile ora rimpallarci i difetti che esistono da ambo le parti. È chiaro che le spintarelle esistono anche qui. Le chiamano con una punta di autocritica *vitamine B*. Va però detto che il fenomeno non è così diffuso come in Italia dove, se non si conosce qualcuno di importante, si fa poca strada. Anche se chi chiede aiuto è un genio non potrà aspettarsi nulla di concreto. A meno che non sia figlio, nipote o amico stretto del potente di turno.

Mali antichi mai sopportati da noi che abbiamo deciso di vivere all’estero”.

Carla dà con signorilità un’altra occhiata all’orologio e io capisco che il tempo a mia disposizione sta per scadere.

Soltanto un piccolo spazio per sferrare qualche altra provocazione.

“Berlino, la città che a qualcuno può offrire grandi occasioni. Eppure ci sono delle stranezze che si annidano nella lingua e rivelano l’animo di un popolo. *Shadenfreude* in tedesco significa: *la gioia più bella è quella che provo per il male altrui*. Un vocabolo che non esiste nelle altre lingue…”.

“Ma lei vuole proprio trovare dei difetti. Io non sono una filologa, ma so che questo termine va tradotto diversamente.

Esempio: *hai bucato una gomma, mi dispiace, ma sono contento che non sia successo a me*. La nostra forza – sottolinea candidamente Carla mentre si avvia verso l’uscita del locale – sta proprio nel rifuggire dalle classificazioni, e questo deve riguardare i due Paesi”.

Ci salutiamo. Io continuo a passeggiare per le vie del quartiere e mi convinco che forse è vero: il futuro appartiene a chi crede nella bellezza dei sogni!

DALL'ISARCO ALLA SPREA

Dopo ripetute richieste d'incontro la schiva Ilaria Celestini accetta di vedermi.

L'appuntamento è fissato in un pomeriggio del mese di settembre a Neukölln, uno dei quartieri sotto i riflettori di Berlino.

Arrivo in anticipo e decido di farmi un'idea di questa zona della città frequentata da studenti, artisti, bohémien e abitata in massima parte da arabi e turchi.

Si dice che Neukölln sia nel mirino degli speculatori: molti appartamenti sono stati ristrutturati e, di conseguenza, i prezzi sono saliti alle stelle. Chi era in affitto e senza troppe disponibilità finanziarie ha dovuto abbandonare il campo perché sia i piccoli impresari edili sia le grandi società di costruzione non hanno guardato in faccia a nessuno e hanno sfrattato chi non poteva pagare. La prima cosa che mi colpisce oltre ai molti cantieri sono le antenne paraboliche: tante finestre sul mondo. Ho ancora tempo e, invitato dal sole settembrino, passeggio lasciandomi guidare dall'odore delle cucine: aglio, peperoncino, curry, peperone, zenzero e acqua di rose. Un breve viaggio tra antichi profumi dove nei ristoranti etnici, palestinesi, egiziani, turchi o indiani si possono gustare Doner di pollo o Falafel, deliziose polpette di farina di ceci, magari sorseggiando un Ayran, una bevanda lattiginosa a base di yogurt, acqua e sale. Si avvicina l'ora del mio appuntamento. Lascio gli arabeschi dorati dei negozi di sposi, le bancarelle di frutta secca e fresca, i fregi floreali e attraverso, ironia della sorte, la Sonnenallee (la strada del sole) per incontrare nella Karl Marx Straße Ilaria Celestini.

Ha 35 anni è nata a Bressanone da mamma di Campobasso e padre di Viterbo.

Ha frequentato il Liceo classico e, poi, dall'Alto Adige si è trasferita a Trieste dove ha conseguito la "laurea in traduzioni". Da due anni, circa, vive e lavora a Berlino e, proprio qui a Neukölln, ha acquistato un piccolo appartamento catturata dal fascino della diversità del luogo.

"Sono al confine con Kreuzberg – mi precisa – un quartiere molto popolare, abitato in prevalenza da turchi".

Giovani e meno giovani di razze diverse, seduti davanti ai piccoli caffè, fumano il narghilé e trascorrono il tempo in amabile conversazione. Con la loro sana convivenza sembrano voler abbattere il fitto reticolo delle differenze culturali e di nazionalità. Mentre mi guardo attorno incuriosito più che sorpreso Ilaria interrompe la pausa che si era creata e mi sussurra: "questa miscela di Oriente e Occidente mi affascina". Poi, con il suo sguardo diretto, come a voler cambiare discorso, mi parla del clima: "oggi fa caldo – dice – ma domani le temperature scenderanno di circa dieci gradi. Una caratteristica di Berlino, questa: il cielo si schiarisce o si rabbuia con grande facilità. È come se in una giornata ci fossero più stagioni".

Annuisco distrattamente e dopo essermi spostato per l'arrivo di un ciclista Ilaria mi fa notare che a Berlino i ciclisti sono i padroni della strada e spesso anche dei marciapiedi, tanto che in pochi osano contrastarli. Un qualcosa – aggiunge – che va al di là della logica e delle super decantate e spesso non rispettate regole tedesche.

E subito, le parole di Ilaria mi richiamano alla mente un episodio di qualche mese fa. Ho acquistato una bicicletta, e al momento della consegna, mi è stato rilasciato un certificato di proprietà, come fosse il libretto di un automobile. Ho guardato stupito il venditore e lui con tutta calma mi ha spiegato che è un documento che viene richiesto dalla polizia in caso di controllo. Se si viene trovati senza quel documento, si può pensare che la bici potrebbe essere rubata e quindi viene sequestrata. Mentre ricordo quell'episodio Ilaria riprende a parlare come per riportarmi alla realtà.

"A Bolzano le piste ciclabili ci sono, ma trovarle in una città così grande è davvero sorprendente. A Berlino in bicicletta hai sempre la sensazione di avere la città 'in mano' e di viverla molto più intensamente. Poi i mezzi pubblici hanno spazi appositi per i viaggiatori con bicicletta al seguito, paghi il biglietto anche per la bici però".

L'immediatezza istintiva di Ilaria mi colpisce e visto che devo rubare le sue piccole verità propongo una sosta per prendere appunti.

Dall'aspetto turistico cerco di passare a quello più personale e parto con la prima domanda: "come si immagina il futuro qui nella grande metropoli dopo aver lasciato la piccola e civile Bolzano?".

"Lo immagino magnifico" risponde con aria convinta e con la consapevolezza di girare intorno alla mia domanda. "Ho vissuto un anno a Milano e alcuni mesi a Roma e, pur affascinata dalle tante bellezze che mi circondavano, alla fine quando dovevo raggiungere una località era un'impresa: i mezzi tardavano, con la macchina dovevo affrontare il traffico e una volta giunta a destinazione si presentava il problema del parcheggio e anche quello del furto d'auto. Qui è tutto diverso – sottolinea con un tono di voce deciso –. Metropolitana e autobus funzionano e d'estate, rispettando le regole, vado in bicicletta. Ho scoperto proprio quest'anno, con le due ruote, bellissime strade, angoli incantevoli vicino alla Sprea, il fiume di Berlino, e locali che si possono raggiungere soltanto in bici".

"Ma anche a Bolzano ci sono le piste ciclabili, si può costeggiare il fiume Isarco e il paesaggio è di tutto riguardo... Per soddisfare l'aspetto ecologico non c'era bisogno di venire fin quassù ..." domando provocandola un po'.

Ilaria accenna un timido sorriso e prosegue: "vede, per certi versi a Bolzano ero sofferente. Una sorta di malessere interiore che spesso sfociava in rabbia. Sì, ha ragione lei, i dintorni di Bolzano sono bellissimi, c'è lavoro e per via dell'autonomia è anche ben pagato, non mancano le moderne ed efficienti strutture, ma è l'aspetto umano che non mi si confaceva".

"Si spieghi meglio".

"È semplicissimo: non mi sentivo di appartenere a quel territorio. Conosco persone che hanno subito "maltrattamenti" psicologici per il solo fatto di parlare italiano.

Devi esprimerti nel loro dialetto, pensarla come loro perché altrimenti sei un diverso.

Comportamenti che giorno dopo giorno mi hanno provocato delle profonde ferite.

In Alto Adige non ho mai sentito di appartenere al mio *Heimat*, come dicono i tedeschi, alla mia terra, al mio Paese. E ci sarebbe tanto altro da dire...".

"Per esempio?" domando seriamente intenzionato ad approfondire.

"Qui è come se ricevessi ogni giorno nuove energie. A Bolzano era tutto scontato.

La provincia impone le sue leggi: vestiti firmati, una macchina di un certo livello, a trent'anni devi essere sposata o almeno fidanzata. E devi anche avere una bella casa, altrimenti non sei nessuno. L'Alto Adige viene proposta come la culla della convivenza ma io non accetto certe ipocrisie… la realtà è diversa".

"Per questo si è rifugiata a Berlino?".

"Non esageriamo. Non sono venuta a cercare asilo politico. Volevo scoprire meglio una grande metropoli e mettermi alla prova all'estero. Così ho fatto decidendo di tagliare con una certa monotonia per dare sostegno alle mie decisioni, e come le ho già detto, ho acquistato un appartamento in questa città multiculturale e molto stimolante".

"Quindi un trasferimento in piena regola?" puntualizzo.

"Sì. Sono appagata. Se qualche volta, come può capitare a tutti, mi prende lo sconforto, qui trovo sempre l'antidoto. Rientro a sera dall'ufficio e se non mi va di cucinare esco a mangiare una pizza e so che anche se qualcuno mi vede sola non si scandalizzerà e nessuno, in metropolitana o per strada, mi disturberà".

Ilaria finisce di bere la sua birra nel piccolo locale all'aperto dove ci siamo seduti, si tocca i capelli e si illumina parlando ancora di Berlino.

"Vede – continua – voglio spiegarle meglio alcuni passaggi della mia vita. A 26 anni lavoravo come traduttrice in una società di titolaggio elettronico: in pratica traducevo i dialoghi dei film. Sono stata anche al Festival di Venezia ma alla fine quel lavoro non mi appagava e mi sono licenziata. Vedevo un futuro colmo di insidie. Il mio pagamento mensile dipendeva dagli appalti che la società riusciva a prendere. Tutto era legato alle sovvenzioni pubbliche e vivevo in un perenne stato di precarietà. Nessuno aveva il coraggio di parlar chiaro, di dire che non c'erano soldi. Una frustrazione".

Ilaria è una bella donna, alta, con una carnagione chiara e una chioma castana che le sfiora le spalle. Ora che è lanciata vuole raccontarsi, spiegare in dettagli alcuni risvolti che hanno riguardato la sua precedente vita professionale. Con un tono di voce deciso riprende:

"Ho lavorato anche a Portovesme (Cagliari) all'Alcoa, la multinazionale che produceva alluminio, ma pure in quel caso poca chiarezza:

il progetto che riguardava il mio coinvolgimento per la conoscenza delle lingue improvvisamente è finito e così tutto doveva sempre ricominciare".

"Insomma esperienze andate male che alla fine l'hanno portata dove lei vive bene?".

"In fondo di quelle esperienze ne avrei fatto volentieri a meno. Mi disturbano i 'particolarismi etnici' a cui facevo riferimento prima e tengo a rimarcare con forza che amo l'Italia e sono fiera delle mie radici anche se certe leggerezze che fanno parte del nostro carattere di italiani non le digerisco".

"A cosa si riferisce in particolare?".

"Al fatto che noi italiani dovremmo lavorare con accanimento sul nostro modo di essere. Ammettiamolo, nel corso degli ultimi anni l'Italia è stata raffigurata nel modo peggiore e certi stereotipi duri a morire sono tornati d'attualità".

"Per esempio?".

"I tedeschi sono ossessionati dalla nostra rumorosità. Mio fratello, che ha frequentato l'Erasmus e vive anche a lui a Berlino, mi ha raccontato che un giorno mentre stava scrivendo con il computer è stato benevolmente redarguito da un altro studente che lo pregava di battere i tasti in modo più delicato. Un paradosso che dà l'idea di quanto non sia facile vivere all'estero. È vero che si incontrano tanti stupidi ma…".

"Vuol dire che c'è razzismo?".

"Razzismo è una parola troppo grande. Devo però dire che essere stranieri in questo Paese è molto faticoso. Tutto è filtrato, tutto è osservato con una lente speciale: come ti comporti nel condominio, sul posto di lavoro, per strada. E, inoltre, come parli la lingua e come ti presenti. Adeguarsi però vuol dire anche crescere, arricchirsi, e migliorare per cancellare i luoghi comuni che ancora esistono nei nostri confronti".

"Me ne nomini qualcuno".

"Lasciamo stare. Sono immagini della nostra vita che in questo mondo globalizzato arrivano immediatamente anche qui. I tedeschi leggono sui giornali della corruzione, di abusi in genere, della nostra furbizia e di quei politici che alzavano il dito troppo spesso. Tralascio poi di soffermarmi sugli altri atavici malavitosi aspetti del nostro Sud d'Italia che qui fanno sempre notizia".

"Insomma diversità enormi tra questi due Paesi?".

"Certo. Immense. Qui per errori anche piccoli i politici rassegnano le dimissioni. Non fanno sceneggiate come da noi. Un'altra diversità: i figli lasciano prestissimo la famiglia. Viaggiano anche con pochi soldi e fanno esperienze diverse dai giovani italiani. Parlano quasi tutti inglese e hanno un forte spirito di adattamento. Sì, coltivano gli stessi interessi dei loro coetanei per la tecnologia ma, secondo me, hanno una differente visione del mondo. Sono più pragmatici".

"Non vuol dire che il meglio sia in Germania…" domando spostando leggermente la testa di lato.

"Infatti. Verissimo. Noi siamo un grande popolo. Siamo soltanto diversi. Differenze anche piccole che si notano. Ha mai visto in giro per la città panni stesi alle finestre o sui balconi anche quando l'aria è più tiepida o c'è il sole?".

"Insomma Lei ha trovato l'ordine che cercava?".

Con un sorriso malizioso Ilaria replica.

"Ogni tanto ad essere sincera la mia terra mi manca, a volte è la stessa Berlino che me la ricorda. Lungo il canale Maybachufer si incontra un campetto da bocce… esattamente come quello che si potrebbe trovare in un paesino di provincia dell'Alto Adige dove gli anziani del posto trascorrono le loro ore a giocare. Solo che qui i giocatori non sono anziani ma anche e soprattutto giovani che, dopo il lavoro, fanno una partita tra amici e bevono una birra negli Spaetkauf, i negozi di alimentari e bevande varie aperti fino a tarda notte.

Mentre ascolto le parole quasi di ammirazione di Ilaria, trovo uno spunto per la prossima domanda.

"Prima si parlava di luoghi comuni, cosa mi dice dei tedeschi forti bevitori di birra?".

Ilaria mi sorride con una strana espressione, come se la mia domanda fosse troppo provinciale per i suoi gusti. Poi come a voler proteggere il buon nome teutonico mi spiega:

"C'è una considerazione importante da fare in merito all'abitudine dei Berlinesi (e non solo) di bere birra in giro. Il ponte Admiralbrücke rappresenta un bell'esempio, perché nelle lunghe serate d'estate, o anche in primavera/autunno quando il tempo lo permette, decine di persone si siedono sui marciapiedi del ponte con una bottiglia di birra in mano. Nell'immaginario di un italiano, una persona che si siede su un ponte a bere una birra è un senzatetto, o al massimo uno studente squattrinato. Qui a Berlino invece le persone che lo fanno sono giovani, adulti, studenti, professionisti in giacca e cravatta, persone sulla sessantina. È diffusa la sensazione che qui non ci siano delle categorie prestabilite, o degli schemi comportamentali legati alla tipologia di persona. C'è la sensazione che ogni cosa sia aperta a tutti, e non ci siano cose riservate solo a particolari gruppi di persone. Un altro bell'esempio è il Ballhaus di Mitte, un locale/pizzeria in legno, con un'ampia pista da ballo che da pizzeria/ristorante alcune sere a settimana si trasforma in balera. Una trasformazione che la fa assomigliare ad un veglione di qualche capodanno degli anni '80, con le luci colorate e la musica un po' datata e mai sparata a tutto volume per non disturbare i vicini. I frequentatori del Ballhaus vanno dai 18 ai 70 anni, e tutti si divertono a ballare le hit del passato e a brindare con un bel bicchiere di birra accompagnato magari da una pizza margherita. Un miscuglio insolito ma confortante".

Mi soffermo per alcuni istanti a osservare il ciondolo che Ilaria porta al collo e lei, notando la mia curiosità, mi ragguaglia sulla sua passione per i mercatini dell'usato tanto diffusi qui a Berlino.

"L'ho comprato in un mercatino – mi precisa –. Li visito volentieri, soprattutto in questo periodo in cui cerco cose per il mio appartamento. Ne ho girati molti e tanti ancora me ne mancano. Uno dell'usato di cui tutti parlano bene è ad Arkonaplatz. Capito spesso nel mercatino domenicale di Boxhagener Platz, in cui, a fianco alle bancarelle di commercianti, si trova qualche banchetto di Trödel, ovvero dell'usato, cose inutilizzabili ma con un po' di fortuna, sapendo cercare, si può trovare anche qualche bel pezzo vintage a prezzo accessibile. Non sono molto brava a contrattare per cui spesso mi scoraggio al primo prezzo che mi viene proposto", conclude Ilaria con una leggera alzata di spalle che profuma di giustificazione.

Poi mi comunica che si è fatto tardi e deve andare ad un altro appuntamento. La saluto ringraziandola e la osservo allontanarsi mentre decido di rimanere seduto nel caffè turco ancora per qualche minuto. Ordino un Baklava, un dolce tipico della cucina araba a base di pasta sfoglia e miele e ripenso a quei provincialismi che Ilaria imputava alla sua terra. Da appassionato sciatore, mi sono recato spesso su quei monti e anche se, qualche volta, la disponibilità della gente del luogo non era straordinaria, ricordo di aver apprezzato comunque quei meravigliosi e ineguagliabili luoghi. Saltello da un pensiero all'altro e appena finito di mangiare il mio dolce qui, a Neukölln, rimango assorto in questo ambiente dal fascino evocativo che mi riporta ai miei numerosi soggiorni nel vicino Oriente. Chiudo il taccuino degli appunti. Tra poco sarà già tempo di pensare al prossimo personaggio.

DUE GENERAZIONI A CONFRONTO

Ha l'aspetto rassicurante ma, come entriamo nel vivo del suo lavoro, la chiacchierata si carica subito di un sovrappiù di difficoltà. L'incontro avviene in un piccolo bar thailandese che si trova a Shöneberg, il quartiere berlinese che ha dato i natali a Marlene Dietrich. Il locale si chiama Papaya e quando arrivo all'appuntamento Tatiana è già seduta all'interno intenta a sorseggiare un tè. Il colore della sua bevanda mi appare subito strano e, immagino, si tratti di qualcosa di orientale, ma non dico nulla.

Tatiana Bazzichelli l'avevo conosciuta al Festival Transmediale (uno spazio di diffusione di tutte quelle produzioni digitali elettroniche che non trovano ospitalità nei festival tradizionali) che si era appena tenuto a Berlino e, in quell'occasione, avevo deciso di dare risposte alle mie molteplici curiosità legate al suo lavoro.

Scopro che è nata nel 1974 a Roma e che si è laureata in Sociologia delle comunicazioni di massa con una tesi sull'arte digitale interattiva italiana nel 1999 all'Università di Roma La Sapienza. Mentre mi racconta con dissimulata imperturbabilità che nel 2002 ha frequentato un corso di alta formazione in management dei Beni Culturali presso la Scuola Normale Superiore di Pisa e che in precedenza aveva lavorato come Content Manager e Multimedia Project Planner per il gruppo editoriale L'Espresso il mio pensiero si sofferma sui primi esoterici computer usati nel periodo della mia generazione. Quanti cambiamenti sono avvenuti in questo lasso di tempo, penso in silenzio.

Mi accorgo subito che i miei capelli bianchi scatenano qualche malizioso sorriso in Tatiana la quale fa poca fatica a rendersi conto che non sono un esperto di informatica. Accetto però la sfida e la incalzo: "lei dunque sa tutto sugli hackers?".

La risposta è raggelante: "guardi che quelli a cui lei allude, i famosi pirati dell'etere, quelli che manipolano, forzano e clonano non si chiamano hackers, bensì crackers... la gente ormai dà per scontata questa accezione ma a voler essere precisi, la giusta definizione non è quella che lei ha citato, ma crackers".

Provo un altro leggero imbarazzo ma faccio di tutto per non dimostrarlo e così sposto il tiro. "Mi parli delle sue esperienze in questo settore...".

"La tesi che ho preparato quando mi sono laureata l'avevo intitolata *Pratiche reali per corpi virtuali*, perché già da allora avevo capito che un certo scenario – da me immaginato – avrebbe poi fatto parte della nostra realtà e abbracciato i miei interessi indirizzati alla ricerca delle forme di attivismo tecnologico e politico nell'arte digitale. A Roma perdo il posto all'Espresso come le ho già accennato e così, determinata a scontrarmi con altre realtà lavorative mi sono trasferita a Berlino, intorno al 2002, città che mi aveva incuriosita quando nel '99, per la prima volta, con una amica venni a trascorrervi delle vacanze in un ostello della gioventù".

"E qui l'hanno subito accolta a braccia aperte?".

"Non scherziamo. Ho fatto le mie trafile, la mia gavetta passando attraverso vari lavori, ma sapevo quello che volevo... quello che era ed è oggi, sempre più arricchito, il mio bagaglio personale. Io, come giornalista free lance collaboro con *Internet Magazine*, con *XL* de "La Repubblica", con *AD-Architectural Digest*, con *Next Exit*, con *Digimag*, *Avatar* e altri giornali specializzati in rete".

Continuo a seguire zoppicante un mondo che non mi appartiene e che corre a velocità supersonica. Mi dico, mentre guardo il liquido giallo di Tatiana e bevo la mia banale spremuta d'arancia (saranno tailandesi le arance?), che il mondo è proprio a portata di click e così rivedo d'un tratto le immagini della rivoluzione araba, trasmesse dalle TV occidentali e in rete grazie a riprese fatte con un semplice telefonino. È in quel momento che, con soave leggiadrìa, Tatiana si inserisce nei miei pensieri e mi riporta alla realtà del cosmopolitismo tecnologico fatto di strani nomi e impronunciabili sigle.

"Lo sa che ho scritto anche un libro sull'argomento?".

"No – rispondo incuriosito – me ne parli...".

"Il volume si intitola *La rete come arte* e ripercorre in maniera dettagliata i legami e le interconnessioni fra arte e media. Qualcuno ha definito il mio lavoro uno spaccato della cultura italiana del network, un insegnamento per i giovani che non conoscono le origini dell'arte e della cultura digitale in rete. Insomma per renderle più accessibile quello che ho scritto potrei citare una famosa frase di Marshall McLuhan che sosteneva: 'il mezzo è il messaggio'".

Mentre mi fissa per vedere se la seguo, aggiunge: "la frase del famoso sociologo canadese la potremmo tradurre così: il Network, ossia la rete, è il messaggio del medium internet". Tento di interromperla, ma lei insiste accalorata.

"Preciso che il termine Network fino a qualche tempo fa veniva utilizzato per descrivere il mezzo televisivo, ma oggi riguarda una dimensione più vasta e connettiva, quella della rete".

D'un tratto il tono diventa professorale.

"Tenga presente che il termine Network assume il significato di rete, ovvero di relazioni sociali e dunque, se il medium condiziona il messaggio – la televisione, il libro, la radio, il telefono, il cellulare ne trasmettono uno specifico – allora in Internet i messaggi diventano le relazioni sociali stesse, quindi a questo punto si inserisce il nuovo ruolo dell'utente, ma... qui il discorso si farebbe lungo e ancora più complesso".

Ci prendiamo una breve pausa sorseggiando le nostre rispettive bevande e io continuo a svolazzare col pensiero.

Vedo lo scanner di casa mia che si muove avanti e indietro trascinato da una specie di nastro di gomma diviso in tanti quadratini e deduco che quell'attrezzo, anche un po' bruttino, è però in grado di leggere puntini che trasformerà in numeri... Il concetto matematico di calcolabilità – penso durante una mia breve divagazione – potrebbe essere quello stesso sfruttato da Steve Jobs, definito da alcuni il padre dei computer.

Dietro la vetrata del caffè Papaya scruto il lento e ordinato traffico del sabato berlinese, colorato da molti giovani imbacuccati che spingono carrozzelle di neonati dotate di speciali ammortizzatori.

Altre questioni spinose da risolvere mi attendono e dunque mi rivolgo di nuovo a Tatiana.

"Ho saputo che ha avuto molto successo un suo lavoro legato al sesso, presentato nel 2007 proprio qui alla Trasmediale, il famoso festival d'avanguardia".

"Berlino non è solo una città alla moda come molti pensano – mi sussurra con l'aria di chi vuol ostentare la propria conoscenza della capitale tedesca – è una metropoli che vuole sperimentare, cercare il nuovo, lanciare messaggi in grado di far riflettere anche su argomenti che a prima vista potrebbero sembrare trasgressivi. Io ho curato all'interno di un Festival, una rassegna che si intitolava CUM2CUT, un concorso di pornografia, se così vogliamo definirlo".

"Ma qual è stato il vero scopo di questa sua iniziativa?".

"Torniamo ancora una volta al web. L'idea centrale è stata di erotizzare la rete in maniera più intelligente di quello che normalmente si vede. In sostanza abbiamo voluto allargare i confini della sessualità cercando di dar vita a una commistione tra cinema sperimentale e nuovi codici tecnologici. Ho voluto far apparire quello che poi è stato un vero concorso, non come un copione ridicolo della pornografia, ma come un qualcosa che potesse dare un valore aggiunto alla sessualità nell'epoca del social Network. Il successo c'è stato perché un numero insperato di giovani ci ha inviato molti video amatoriali sull'argomento".

Guardo di nuovo in strada e noto alla fermata dell'autobus un anziano signore intento a leggere una lettera. Un sabotaggio al mondo di Tatiana e a tutto quanto avevo ascoltato fino a quel momento. Trascorrono pochi secondi e mi rendo conto che una semplice romantica lettera, forse scritta con una penna stilografica, non può destabilizzare il sistema che fa ormai parte di noi. "Ciascuno è figlio del proprio tempo" scriveva nell'Ottocento il filosofo Hegel e le tecniche di comunicazione utilizzate dalla mia interlocutrice ne sono una prova.

Tatiana a questo punto si è resa conto del divario che c'è tra noi e in maniera caritatevole, mentre accenna ad alzarsi, mi viene in soccorso: "Si è fatto tardi – mi comunica – mio marito mi starà aspettando".

Non commetto l'imprudenza di fare altre domande, mi alzo anch'io e, insieme, guadagniamo l'uscita.

Fuori, sul marciapiedi, una giovane ragazza senza chiedere niente mostra la testatina del «MOTZ-Berliner Strassenmagazin».

Tatiana, prima di congedarsi, mi spiega che in molti quartieri di Berlino giovani ex tossicodipendenti decisi a reinserirsi nella società grazie a speciali tecniche di riabilitazione stazionano ore e ore davanti a supermercati, bar e ristoranti cercando di vendere i giornali che loro stessi scrivono e impaginano.

Giovani che vogliono dimenticare il loro malessere, i loro trascorsi di droga e sono pronti a tutto pur di salvarsi.

Passeggio per il rione. Ripenso a un libro di Maurizio Pallante: *Meno e meglio* letto tempo fa, nel quale lo scrittore approfondiva concetti che si sposano con la società tedesca che sto tentando di analizzare e studiare, ovvero "la felicità, il benessere, la qualità della vita che non sempre hanno una correlazione con la ricchezza". Avere molto, sostiene Pallante, non vuol sempre dire stare meglio.

Si pensa sempre alla Germania come Paese ricco, con il PIL in continua crescita, con i suoi modelli di produzione all'avanguardia. Tutto questo è vero. Si riflette poco, però, su chi anche nella ricca Berlino fruga nei cassonetti dell'immondizia o su quei tanti giovani che ancora sono schiavi della droga.

E mentre passeggio per il quartiere penso che proprio al confine Nord-Ovest di Shöneberg c'è la fermata della metropolitana Zoologischer Garten, quella fermata, quel film. Inevitabile associare la parola Berlino a quella di Christiane F. – *Noi, i ragazzi dello zoo di Berlino*, girato in quella stazione della metropolitana, nel lontano 1981 ma amaramente attuale. Un film drammatico, struggente, che ti lascia come uno strato di polvere addosso, una sensazione che anche la stessa Berlino a volte dà.

Parlando con la gente, placando solo in parte questa curiosità che mi spinge a indagare, scopro che qui a Berlino di droga ce n'è tanta e a poco prezzo. Una scarsa qualità è l'istantanea associazione.

Incrocio le mani dietro la schiena e abbasso lo sguardo come per accompagnare questi miei pensieri a passeggio. Guardo le mie scarpe, sento i miei passi e immagino diverse metropoli: Berlino, Londra, Roma, Parigi. Mi chiedo in quale di queste città la droga non sia reperibile ad ogni angolo. Che qui ce ne sia di più? Procedo per divagazioni e rammento che Berlino è anche famosa per le sue discoteche. Club si chiamano adesso. Qui è dove suonano le macchine, come lo scanner di casa mia, penso sorridendo. Ripesco dai ricordi di qualche minuto fa i computer usati dalla mia generazione, scatole di plastica grigia profumate d'avvenire e se di anni ne sono passati pochi, in realtà c'è un abisso. Noto il peso del mio iPhone nel taschino, penso che solo con un dito, ora, posso andare ovunque e posso condividere con chiunque. Queste sono le macchine che fanno ballare la gente qui a Berlino in feste che si estendono senza soluzione di continuità per giorni e giorni. Ed ecco che la droga trova il suo spazio, la sua ragione d'essere, come eccitante, come energetico, come il doping nello sport, come le noccioline per superpippo. Suoni elettronici, luci accecanti e giovani sudati che ballano a ritmo frenetico in ex fabbriche abbandonate. Succede anche questo, appena dietro l'angolo del sole, in questa città poliedrica e multicentrica che mi sfila accanto mentre passeggio, ancora contaminato dalla chiacchierata appena conclusa con Tatiana. E subito una frase mi balena nella mente: "Amici, non questi suoni! Piuttosto, altri intoniamone, più piacevoli e gioiosi. Gioia!". Parole lontane di quasi due secoli che Schiller scrisse e Beethoven musicò nella conclusione della sua nona sinfonia. L'inno alla gioia e alla musica elettronica. Dicotomia? Similitudine? Mi interrogo sul rapporto tra le musiche, collegando per ellissi il 1824 al presente, domandandomi se l'emozione delle melodie possa essere comparata, quando riemergo dai miei pensieri e mi accorgo che camminando, camminando sono arrivato davanti alla stazione Zoologischer Garten che nominavo prima. Richiamo dalla memoria fotogrammi del film e mi appunto mentalmente di riguardarlo appena potrò. Ricordo quando Christiane si prostituiva su un lato della stazione, in piedi a fatica, aspettando in qualche modo l'arrivo della prossima dose. In quella via, dal lato opposto, un cancello di ferro battuto nero, la telecamera era stata messa lì e io, quasi giocando ad essere cinepresa (del resto questo è un libro di testimonianze!), mi sposto nella stessa posizione per vedere la scena con la stessa inquadratura. Ricordo che il cantante preferito della povera Christiane era David Bowie, anche lui berlinese di adozione e residente proprio qui a Shöneberg. Ormai depongo le armi dinnanzi al trittico musica-droga-Berlino in questa giornata che ormai volge al termine, lasciando vorticare i pensieri come il tè troppo chiaro nella tazza di Tatiana. Poche settimane fa lessi un articolo su un giornale locale che parlava proprio di David Bowie e del suo periodo berlinese. Diceva che era stato per lui un periodo molto speciale, dove sentiva che stava prendendo una direzione nuova. Berlino era fresca, incontaminata e psichedelica. Parlava dello zeitgeist tedesco, lo spirito del tempo, che ispirò molto la sua musica. C'era già attenzione per la musica elettronica allora e stiamo parlando della fine degli anni Settanta, in una Berlino ancora divisa. Anche gli U2 registrarono un album qui, negli Hansa Studio, dove David Bowie creò la sua trilogia berlinese e, assieme, dedicarono una canzone a questa fermata della metro, chiamandola appunto Zoo Station.

Guardo i mattoni rossi della stazione, gli archi di vetro scuro e le persone che entrano ed escono portando con loro gli acquisti di questo sabato pomeriggio. Lo zoo al centro della città è una delle caratteristiche di Berlino e si dice che quando la gente si alzò la mattina dopo i bombardamenti, vagando tra le macerie, incontrò giraffe, leoni ed elefanti. Come giornalista inviato nei teatri di guerra, è facile per me immaginare le macerie e sovrapporle come una diapositiva a quello che sto guardando adesso. E allora noto qualcosa che non sarebbe fuori luogo in uno scenario post-bombardamento. Osservo un uomo, dal lato opposto della strada, che fruga con un braccio dentro a un bidone dell'immondizia e ne estrae una bottiglia. Che sia un senzatetto a dirmelo non è il gesto, ma piuttosto gli abiti, consumati e sporchi. Qualcuno ha detto che, soprattutto dalle ombre si deduce l'essenza dell'essere e forse questo ne è un esempio, per me che sto cercando di fotografare il presente. A Berlino c'è una grande attenzione per il riciclo e i vuoti delle bottiglie, se riportati al supermercato, possono essere scambiati con denaro. Il prezzo del vuoto a rendere lo paga a priori chi ha comprato quella bottiglia, pagandone all'acquisto un sovrapprezzo. *Pfand*, si chiama così il vuoto a rendere. Le bottiglie di vetro valgono otto centesimi, quelle di plastica addirittura venticinque centesimi. Ed ecco che per i molti che versano in indigenza economica, raccogliere bottiglie dai cassonetti delle immondizie diventa una valida alternativa all'accattonaggio.

I tanti volti di Berlino. Proprio in questi ultimi mesi Christiane F. ha annunciato l'uscita del suo nuovo lavoro. Una seconda confessione a distanza di anni per risvegliare le coscienze e denunciare l'indifferenza verso questa piaga sociale. Mai come in questo momento deve far riflettere quanto disse nel 1981 Vittorino Andreoli in occasione dell'uscita di quel libro "sul problema della droga la nostra società ha fallito".

MEDICO DA BATTICUORE

Il nome di Alessandro mi era stato segnalato da alcuni amici e dopo aver appreso che faceva il medico decisi che avrei fatto di tutto per conoscerlo. In fondo questo è un libro di ricerca.

Un giorno venni invitato all'inaugurazione di un'enoteca italiana a Prenzlauerberg, il quartiere alla moda che si trova nella parte Nord della città. Avevo saputo che a quella serata avrebbe presenziato anche Alessandro.

Un posto azzeccato per aprire un'enoteca, pensai subito, perché sono molti gli stranieri e gli artisti che ci abitano.

Puntuale alle 19.00 ero nel locale: i soliti brindisi con prosecco, e vini delle più svariate parti d'Italia, accompagnati dalle immancabili chiacchiere sul Belpaese e sui nuovi arrivi di connazionali nella capitale.

Quando mi fu presentato Alessandro gli parlai subito della mia intenzione di intervistarlo per farmi raccontare tutti gli aspetti legati alla sua professione di medico a Berlino.

Ne fu colpito e apparentemente lusingato. Lo rassicurai che non saremmo andati troppo sul personale e gli spiegai che il mio era un intento divulgativo, per approfondire aspetti sociali e anche scientifici della sua professione. Lo scopo – precisai sotto l'influsso di un paio di bicchieri di rosso – sarebbe stato non quello di giudicare, ma di illuminare qualcosa e qualcuno, come Diogene nell'antica Grecia.

Alessandro si mostrò curioso e apparentemente d'accordo sulla decisione di un nostro prossimo incontro in un luogo meno rumoroso e più adatto a una intervista.

Lasciai trascorrere un po' di tempo e, poi, cominciai a contattarlo varie volte con messaggi telefonici, convinto del valore della sua storia. Quel giorno, però, all'enoteca non confessai ciò che Diogene disse incontrando un altro Alessandro: “Faccio le feste a chi mi dà qualcosa, abbaio contro chi non dà niente…”.

Nei tanti anni di lavoro giornalistico ho imparato a non aspettare la notizia, ma a cercarla in ogni direzione con tenacia e intraprendenza. E così continuai a marcarlo stretto chiedendogli, senza sembrare troppo invadente, con i soliti sms, un appuntamento per quella intervista già annunciata.

Lui procrastinava con classe adducendo sempre un motivo o un altro. Alla fine capitolò sotto le mie insistenze e mi confermò che avremmo potuto vederci al Pronto Soccorso dello Charité Hospital.

Consultai il sito della Società dei Trasporti (BVG) per verificare il percorso più breve con la metro o la sopraelevata e mi mossi con largo anticipo. Deformazione professionale quella di arrivare prima dell'orario stabilito, in modo da potermi guardare attorno e prendere i primi appunti.

Appena risalito in superficie dalla stazione della metro mi ritrovai di fronte alla splendida porta di Brandeburgo, accesso principale all'immenso polmone verde di Berlino, il famoso parco-foresta di Tiergarten. Alla mia sinistra potevo scorgere non molto lontano l'angelo della Colonna della Vittoria e alla mia destra il grande viale Unter den Linden, così chiamato per via dei tanti alberi di tiglio fatti piantare nel 1647 da Federico Guglielmo Primo.

Dopo queste divagazioni turistiche ripresi il cammino verso Nord.

Una passeggiata di pochi minuti e mi appare nella sua grandezza l'immenso edificio dello Charité.

Qualche dato per rendere l'idea delle dimensioni di questo enorme complesso: oggi allo Charité sono immatricolati circa 8.000 studenti. Vengono curati 900mila pazienti esterni all'anno, mentre quelli ricoverati sempre nell'arco dei 360 giorni sono 125mila. I posti letto toccano la considerevole cifra di 3.500 e le persone che vi lavorano nelle quattro sedi berlinesi sono circa 15.000.

Il palazzo è un gigantesco parallelepipedo di pietra rossa con una ventina di piani circa e, mentre lo guardo dal piazzale antistante, cercando di tenere a bada la naturale sensazione di meraviglia che un edificio del genere mi trasmette, mi domando come farò a orientarmi dentro questo gigantesco involucro.

Il nome Charité (Carità) è un'eredità del passato. Nel 1710 era nato come lazzaretto per contrastare l'epidemia della peste e così per diverso tempo rimase una struttura di assistenza e sostegno per i poveri. Nella situazione in cui mi trovo mi verrebbe voglia di aggrapparmi all'ironia pensando che io stesso avrei bisogno di un gesto caritatevole per trovare Alessandro in questo dedalo di viuzze e sentieri. L'appuntamento è al Pronto Soccorso, in tedesco *Herste-Hilfe*. Mi guardo attorno in cerca dell'insegna, e con un certo sollievo la scorgo sul lato sinistro dell'edificio.

Ecco il filo d'Arianna che mi aiuterà a raggiungere la meta.

Come Teseo mi lascio condurre dalle indicazioni che stanno man mano comparendo e, finalmente, giungo sul luogo stabilito.

Una doppia porta automatica mi scorre davanti e appena entrato vengo colpito dall'inconfondibile odore di disinfettante tipico degli ospedali.

Dentro, seduti, alcuni infortunati aspettano pazientemente il loro turno. I muri sono verdi e lucidi. Tutt'intorno aleggia una calma irreale.

Il Pronto Soccorso richiama alla mente una certa urgenza, nervosismo e apprensione, ma qui tutto appare sotto controllo.

Mi convinco di essere davanti ad un altro esempio di ordine germanico.

Sembra che qui non accada nulla. Un pensiero rivoluzionario se penso a tutto il contesto. Nel frattempo, poco lontano da me, si aprono e si chiudono alcune porte che lasciano intravedere medici e infermieri con camici verdi e azzurri (il colore del camice servirà a definire il ruolo?) che parlottano tra loro senza concitazione.

Sono in anticipo di cinque minuti e decido di ammazzare il tempo concedendomi un caffè a una delle macchinette automatiche che si trovano nella sala d'aspetto. Per noi italiani all'estero il caffè è sempre motivo di comparazione con il nostro Paese, ma oltre ogni aspettativa sono costretto a riconoscere che quanto sto bevendo è sicuramente accettabile.

Le porte continuano ad aprirsi e chiudersi e ad ogni movimento mi aspetto che il giovane medico appaia.

Improvvisamente sento un "Buongiorno" e istintivamente, alzando gli occhi dal mio bicchiere di plastica marrone, vedo Alessandro che mi porge la mano aspettando di stringere la mia. Ha quasi il fiatone, è trafelato e visibilmente stanco. Per lui parlano due occhiaie nere che non lasciano dubbi sulla sua spossatezza.

"È molto che aspetta? – mi chiede e subito precisa: – Credevo fosse una notte tranquilla, invece ci sono stati parecchi problemi…".

"Spero si sia risolto tutto nel migliore dei modi – replico – se non altro per i pazienti" e subito attacco: "So poco di lei, mi racconti qualcosa della sua avventura professionale a Berlino".

Alessandro si accomoda sulla sedia libera accanto a me, sospira come a voler scacciare la stanchezza e comincia:

"Ho 32 anni, sono nato il 29 novembre dell'80 a Reggio Calabria e sono alto un metro e 82". Fa una breve pausa, mi sorride e continua.

"Mi sono laureato in medicina a Roma e in seguito mi sono specializzato in medicina d'urgenza all'Università di Tor Vergata. Dopo la specializzazione mi sono trasferito a Oxford per imparare l'inglese e vi sono rimasto per un anno".

Lo interrompo e per rendere più distesa l'atmosfera chiedo: "dopo la Gran Bretagna, la Germania. Per lei che è calabrese non è stato un gran guadagno in termini di clima".

Alessandro sorride e muovendo la testa come ad annuire riprende il suo racconto.

"Passo molto tempo tra queste mura e il clima è l'ultima delle mie preoccupazioni. Comunque, sì, dopo Oxford, tre anni fa sono venuto a Berlino".

"Parlava già il tedesco?" Domando. "No, assolutamente. Con l'inglese mi difendo piuttosto bene, ma il tedesco, a quei tempi, era per me una lingua del tutto sconosciuta" mi risponde.

"Allora perché proprio Berlino?" chiedo aggiustando la mia posizione sulla sedia come se quel movimento inconscio mi servisse per capire meglio.

"Una nuova lingua è un investimento sulla propria persona ed io volevo crescere e fare una nuova esperienza. Appena arrivato capii subito che una lingua così difficile doveva essere affrontata di petto. Un corso intensivo e soprattutto molte lezioni private. I primi tempi non pensavo ad altro. Leggere in tedesco, guardare programmi TV in tedesco e, parallelamente, scoprire la città.

Quando cominciai ad essere più sicuro di me portai i miei documenti e il mio titolo di studio alla direzione dell'ospedale. La mia richiesta di assunzione venne accettata e così cominciò il classico periodo di prova che durò sei mesi. Alla fine mi assunsero e solo da quel momento iniziai a prendere uno stipendio. Che soddisfazione! Che conquista! Lavoravo veramente sodo in quel periodo e venni premiato, perché dopo un anno mi passarono a responsabile della guardia medica del Pronto Soccorso". Alessandro mi scruta per vedere la mia reazione, ma io non faccio trapelare nulla, mantenendo la mia imperturbabilità fino a che decido di smuovere la conversazione: "ha mai avvertito come italiano qualche rigurgito di razzismo? Dai colleghi per esempio?".

Lui mi guarda stizzito, un po' sorpreso come a dire: "le solite domande, ma non avete nulla di meglio da chiedere?" e poi, con una espressione sempre più stanca reagisce.

"Anche noi calabresi siamo razzisti – commenta duro –. Siamo razzisti con chi non è della nostra terra, come per esempio i marocchini o i tunisini, perché pensiamo che vengano a rubarci il lavoro, a toglierci delle possibilità".

Poi, più calmo, dopo essersi riappropriato della sua serenità deontologica ammette. "Se devo essere sincero alcuni dei miei colleghi tedeschi spesso manifestano una certa boria, come un'aria di sufficienza, ma nulla di grave. Un comportamento che potrebbe essere letto anche come insicurezza, ma non voglio addentrarmi nei meandri dell'anima tedesca".

"Mi fornisca qualche altro particolare del suo inserimento in questo ospedale; eravamo rimasti alla sua promozione a responsabile della guardia medica".

"Sì, lavoro, familiarizzo con tecniche e persone e alla fine entro in contatto con un gruppo di colleghi tutti specializzati come me in cardiologia. A quel punto la direzione dello Charité ci offre di lavorare a un progetto di ricerca sulle malattie eterosclerotiche finalizzato alla vincita del prestigioso premio Max Burner Price.

Una competizione scientifica, se così posso dire, alla quale hanno partecipato diversi gruppi di colleghi, ma alla fine abbiamo vinto noi, quelli del reparto di cardiologia.

Era previsto anche un premio in denaro di 40mila euro, che naturalmente non abbiamo incassato. La somma è stata lasciata allo Charité per iniziative umanitarie.

È rimasta però dentro di noi e, in particolare dentro di me, una grande soddisfazione: essere riuscito all'estero, dove tutto è più difficile, a conquistare una vetta del genere non è cosa da poco".

Tra il normale e lo sfacciato sferro un'altra domanda.

"Una vera nobiltà d'animo. Merito della sua educazione? Mi parli della sua famiglia".

"La mia è una famiglia molto tradizionale, come in fondo è stata anche la mia educazione. Mio padre ha una clinica a Reggio Calabria, l'Istituto De Blasi, e ho due fratelli, uno medico come me e l'altro avvocato. Ci vogliamo bene e andiamo d'accordo".

"Una bella famiglia. Perché ha lasciato i suoi affetti? Perché è andato via dalla Calabria?".

"Nella provincia io soffro, è troppo stretta, bigotta. Nella mia città ad esempio ci sono soltanto due sale cinematografiche e le pellicole che vanno per la maggiore sono i cinepanettoni. A Reggio Calabria avevamo anche un teatro, il Cilea, ma il proprietario è stato querelato per beghe cittadine e da allora il teatro non lo hanno più riaperto. Questo per darle un'idea della effervescente vita nel nostro capoluogo. Ecco una delle tante ragioni valide per andarsene al Nord come molti miei coetanei fanno, o all'estero".

Alessandro sembra entrare sempre più nello spirito della conversazione e prosegue: "il mare e il sole non mi bastavano più, avevo bisogno di respirare. Di essere ciò che sono. Sembra la solita retorica, ma al Sud come nel resto del nostro Paese si fanno troppe chiacchiere e chi può, come ho già detto, scappa per studiare, per lavorare o per inventarsi un futuro. Per quanto mi riguarda avrei potuto inserirmi, com'è naturale, nella struttura di mio padre, ma sarebbe stato troppo comodo. Io volevo mettermi in gioco, fare confronti con altre società e, soprattutto, crescere professionalmente".

"Dopo questa sua permanenza berlinese cosa può dire di aver imparato?".

"Ho capito che i tedeschi, se vali davvero e ti dai da fare, ti offrono una possibilità, ti mettono alla prova. Questo in Italia è difficile che succeda.

Sappiamo tutti come funziona da noi. Senza raccomandazioni politiche non ottieni nulla. È chiaro che anche qui nessuno regala nulla... quello che ottieni devi conquistartelo".

"Mi spieghi meglio" chiedo.

"Voglio dire che come stranieri si parte svantaggiati. Devi darti da fare il doppio, anche per smantellare l'idea ormai radicata dell'italiano medio, mafioso, chiacchierone e non puntuale. La solita triste, inaccettabile e dolorosa storia dell'italiano pizza e mandolino. E così, su un terreno che non è il tuo, devi combattere una vera guerra per sradicare con il comportamento quotidiano questi luoghi comuni. Non so se mi spiego, conclude Alessandro come a volermi far capire di aver detto tutto quello che c'era da dire".

Si potrebbe dedurre che il nostro medico ha sfidato se stesso in questo suo soggiorno in terra tedesca e adesso è alla ricerca del suo equilibrio.

E allora domando ancora:

"In che cosa, secondo lei, lo Charité è migliore di un ospedale italiano?".

"Qui la TAC (Tomografia assiale computerizzata) si fa in una settimana, in Italia se va bene occorrono due mesi", mi risponde con un ostentato orgoglio.

Vorrei approfondire questo aspetto e fargli osservare che anche in Italia, a pagamento, una TAC si fa in una settimana e, di conseguenza, la celerità tedesca è dovuta soprattutto al fatto che qui l'assicurazione sanitaria è obbligatoria e costa 200 euro al mese. Evito la polemica, ma resto in argomento.

"Mi è giunta voce di episodi di malasanità anche in questo ospedale, ne sa nulla?".

Il terreno diventa sdrucciolevole e Alessandro se ne tiene magistralmente alla larga.

"Io faccio sempre riferimento al mio settore e non mi risulta quanto lei sta affermando. Del resto siamo umani, possiamo sbagliare".

"Quindi allo Charitè tutto procede bene. E la vita fuori?" lo incalzo ignorando la mia promessa di non voler indagare sul suo privato.

"Non vorrei scendere troppo sul personale, ma ho una vita piena che mi appaga. Berlino, è risaputo, offre molte opportunità sia culturali sia di svago.

Tanta gente di ogni parte del mondo da conoscere e con cui confrontarsi.

Una città che in ogni periodo dell'anno regala qualcosa: arte e mostre a tutti i livelli e per tutti i gusti.

L'unica cosa negativa è il costo dei trasporti. Leggevo giorni fa a questo riguardo un articolo che faceva una comparazione di prezzi tra

Berlino e Roma e specificava che bus e metro, nella capitale tedesca, costano l'80 per cento più che a Roma". Alessandro mi guarda per osservare la mia reazione e poi aggiunge: "anche le lavanderie lasciano molto a desiderare. Non puliscono come da noi e, quando vai a ritirare una camicia, tanto per fare un esempio, te la consegnano non piegata dentro un involucro di plastica".

Stiamo scivolando sul leggero e capisco che è giunta l'ora di congedarmi e di lasciare il mio giovane interlocutore ai suoi pazienti. Ci salutiamo con una stretta di mano e un sorriso e io ritorno verso la porta scorrevole da dove sono entrato.

Ripercorro a ritroso il lato dell'ospedale e tornato davanti all'ingresso principale da cui ero partito cercando i cartelli del pronto soccorso, mi accorgo di qualcosa che mi lascia perplesso e stupito. Fuori dall'edificio, a pochi metri da me, vedo pazienti con flebo e carrozzine che sfumacchiano felici: una decina, tutti in pigiama e ciabatte, l'uniforme tipica del ricoverato. Nessun infermiere interviene.

Non sembra di essere nella disciplinata Germania, sempre pronta a puntare il dito verso gli sbagli degli altri.

Mi si affaccia alla mente il concetto greco di acrasìa, ossia l'incapacità di agire secondo principi ragionevoli, ma mi sfugge se questo concetto sia più applicabile ai malati che vanno fuori dall'ospedale a fumare, o ai dottori che lo permettono. Mi volto e sul filo di questi miei pensieri mi avvio verso la metropolitana. Per oggi ho finito. Del resto questa non è la Grecia antica, questa è Berlino.

LA FORZA DELL'AMORE

Berlino è piena di italiani. Oggi inizio così, con una frase secca, pesante, abusata. Inizio con i luoghi comuni, con le banalità, come se calando queste carte in apertura il bello e interessante mi rimanesse in mano per essere giocato e quindi raccontato tra un po'.

Ciò non toglie che Berlino sia davvero piena di italiani. Qualche giorno fa leggevo un articolo su uno tra i più importanti settimanali tedeschi («Der Spiegel») nel quale si diceva che siamo la seconda comunità, numericamente parlando, dopo quella turca. I dati sono tutti da verificare; io riporto con distacco didascalico soltanto quello che mi è capitato di leggere, indagando sul rapporto italiani-Berlino. È un dato che comunque fa pensare (quello del numero degli italiani venuti qui, intendo). Berlino è anche chiamata la piccola Istanbul, appunto per la presenza della comunità turca più numerosa al di fuori della Turchia stessa.

Mentre cammino, forse per sottrarmi a una sottile quanto fastidiosa pioggia, immagino per gioco un prossimo futuro, con un trend sempre più numeroso di italiani che arrivano sul territorio berlinese fino al punto da dover ribattezzare la città "La piccola Italia". Che il mio non sia un gioco toponomastico, ma sia, invece, solo questione di tempo? Penso a questo come se fosse stato qualcun altro a pormi questa domanda, nell'attimo in cui mi soffermo a visionare mentalmente tutti quei contesti in cui l'italianità interseca Berlino. Ripenso a un aneddoto divertente raccontatomi da un amico italiano che lavora come cuoco in uno dei tantissimi ristoranti tricolore qui in città. Il mio amico mi diceva che, per qualche strana ragione, i tedeschi credono che noi italiani siamo abituati a mangiare il primo e il secondo in un piatto unico. La scaloppina sopra gli spaghetti al pomodoro, o il filetto di pesce sopra le fettuccine allo scoglio, come se la pasta avesse sostituito il contorno. Mi diceva inoltre che se un piatto non viene servito con questo accostamento, il tedesco, diffidente per natura, crede che il ristorante non sia davvero italiano e quindi rimane deluso. Un po' come se noi, andando a mangiare giapponese, trovassimo la mortadella sopra al riso.

Lucio Dalla diceva, in una delle sue canzoni più famose, che Berlino è un po' triste e molto grande e oggi questa definizione si adatta benissimo alla città. Il cielo è grigio e compatto, la luce poca e la pioggia tanto sottile quanto fitta.

Mi sto recando a un nuovo appuntamento, con un nuovo personaggio, suggeritomi da altri grazie all'italianissimo metodo del passa parola.

Camillo Falco, chimico napoletano. Ci incontriamo in Alexanderplatz, la centralissima quanto famosa piazza che, tra le altre curiosità, presta il suo nome a una vecchia canzone scritta da Battiato e interpretata da Milva. L'immensa torre della televisione, la cui punta rossa e bianca si perde spettrale tra le nuvole, svetta accanto a noi come per controllare i nostri movimenti e, mentre ci stringiamo la mano e recitiamo i soliti convenevoli, decidiamo di ripararci dalle intemperie nel primo bar che troviamo. Davanti a un caldo caffè ristoratore, troppo lungo per i miei gusti, Camillo definisce questo nostro incontro come un colloquio preliminare e conoscitivo. Mi dice che ha davvero tanti impegni e quindi oggi mi può dedicare solo qualche minuto, insufficiente a disegnare un suo profilo completo ed esaustivo. Il dubbio che Camillo abbia voluto prima conoscermi per ragionare sulla serietà della mia persona mi balena davanti con la rapidità di un lampo ma altrettanto velocemente il giovane chimico, come a volermi tranquillizzare, mi promette di dedicarsi quanto prima ad una seconda intervista. Lo immagino scrivere il mio nome su uno spazio vuoto di un'agenda, poi, per evitare di perdere tempo prezioso, dato che Camillo ha già fissato i termini del nostro incontro, gli chiedo subito di presentarsi e di parlarmi della sua formazione.

"Sono nato a Napoli nel maggio dell'87. In famiglia siamo in quattro e tutti studiosi, se mi permette il termine", inizia Camillo sorridendo e aggiustandosi la camicia bianca sotto la giacca, come se stessi per scattargli una foto.

"I miei genitori sono entrambi medici, mentre mio fratello è un economista e fa il ricercatore a Oxford. A sedici anni ho vinto la mia prima borsa di studio che mi ha permesso di ottenere un diploma internazionale alla UWC (United World College) di Trieste. Questa esperienza mi ha portato a voler esplorare nuove realtà fuori dai confini italiani quindi, dopo il diploma, mi sono spostato all'Imperial College di Londra dove ho completato i miei studi universitari in ingegneria chimica, con un anno aggiuntivo in Svezia".

Mentre lo ascolto, mi ritrovo a pensare a quanto sia piccolo il mondo. Qualche tempo fa intervistai anche un'altra italiana a Berlino, anche lei si era trasferita in Svezia a studiare e, mentre divago cercando relazioni tra il Nord-Europa e il Belpaese come se stessi cercando gli argomenti del mio prossimo libro, Camillo appoggia la tazza di caffè ormai vuota sul tavolo, lasciandomi intendere che il tempo a nostra disposizione è già terminato. Lo guardo sorpreso e ci avviamo verso l'uscita del bar, consapevoli che fuori saremo ancora sotto la pioggia. Congedandoci mi chiede di chiamarlo nei giorni successivi per il secondo conclusivo appuntamento.

Come da accordi, qualche giorno dopo gli telefono e lui, forse non ricordandosi degli impegni presi, mi informa solo in quel momento e con mia sorpresa che mi sta parlando da Monaco, perché si è trasferito lì per vivere.

Con la sua leggera inflessione partenopea, ormai a qualche centinaio di chilometri da Berlino, mi informa inoltre che la sua fidanzata è stata trasferita nella sede monegasca dell'impresa per la quale lavora e lui, senza tante esitazioni, ha deciso di seguirla lasciando al cuore la scelta di fronte ad un bivio della vita.

Per nulla addolcito da questo gesto romantico, penso subito a come poter concludere l'intervista cominciata qualche giorno addietro. Il mio spirito battagliero mi viene subito in soccorso e mi aiuta a ricacciare l'iniziale sconforto per questo improvviso cambio di rotta. "Devo trovare una via d'uscita", pensavo tra me e me, toccandomi con nervosismo i miei pochi capelli. Così con risolutezza, forse spiazzandolo, propongo immediatamente al giovane chimico un incontro a Monaco per proseguire da dove avevamo lasciato. Dopo il suo assenso, passo le ore successive ad organizzare un viaggio lampo per recarmi nella città bavarese in giornata. È anche questo un buon modo per testare l'efficienza dei tanto decantati trasporti tedeschi, mi dico mentre riservo un posto in treno per il giorno successivo. L'indomani mi sveglio all'alba e, dopo una frugale colazione all'italiana, mi dirigo sull'autobus che mi porterà alla stazione Centrale da dove proseguirò alla volta della ricca città del Sud.

Mentre faccio mente locale pensando alle possibili domande da porre a Camillo, realizzo che questo breve viaggio mi darà l'occasione per confrontare Monaco, forse il più importante centro economico della Germania, con la più povera ma creativa Berlino che, nel 2004, venne ironicamente definita dall'allora e ancora oggi sindaco Klaus Wowereit "povera ma sexy".

Sull'autobus verso la stazione, quasi a suggerirmi che chi ben comincia è a metà dell'opera, mi si presentano subito due spunti di riflessione: a una fermata intermedia una mamma sale con il passeggino e prende posto all'interno del mezzo, nell'area a lei riservata. La parte centrale dell'autobus, infatti, è stata lasciata senza sedili, in modo da poter accogliere persone in carrozzina e mamme con passeggini al seguito. Disegnare gli spazi dei mezzi pubblici in questo modo è una grande dimostrazione di civiltà, penso mentre osservo la mamma bloccare con un gesto dei piedi le ruote del passeggino e mi chiedo, amareggiato, perché i nostri autobus non siano tanto accoglienti. Una volta arrivato in stazione ecco l'altra grande lezione di civiltà: prima che le porte si aprano per lasciare uscire in rigoroso ordine i passeggeri, il conducente ci informa da un altoparlante che la sua manovra di avvicinamento al marciapiede non è andata a buon fine e, quindi, ci invita a prestare attenzione nello scendere perché l'autobus si è fermato a mezzo metro dalla banchina invece dei soliti venti centimetri. Mentre sorrido pensando all'improbabilità di sentire un nostro autista fare lo stesso annuncio, entro nella gigantesca Hauptbahnof, la più grande stazione ferroviaria d'Europa su più livelli, alla ricerca del binario numero quattro.

Una volta sul treno non posso far altro che ricevere conferme di quanto visto finora. Il vagone è nuovo, pulito, profumato e, silenziosamente, quasi scivolando sulle rotaie, mi porta a destinazione lasciandomi libero di riposare qualche ora nella prospettiva di questa inusuale intervista fuori città.

Appena arrivato a Monaco, una manciata di ore dopo, realizzo che le differenze con Berlino sono grandi, ma soprattutto la gente cammina più in fretta, con più indifferenza. Forse veste in modo migliore, le macchine sono più belle e l'architettura dei palazzi è decisamente più elegante.

Con Camillo ci accordiamo telefonicamente per vederci in un bar nel quartiere di Schwabing e quando arrivo, un ennesimo dettaglio stavolta alquanto fatalista, mi fa sperare che venire fino a qui sia stata una giusta decisione. Il bar in cui ci troviamo è in una laterale di Leopoldstrasse e, trovando quindi un mio omonimo a titolare della via, decido di vedere in questo il segno di un benevolo destino.

Lui mi raggiunge puntualissimo e, passati i convenevoli in cui ci scambiamo qualche battuta sulla location alternativa dell'intervista, decido di non perdere tempo prezioso iniziando subito con le domande.

"Ci eravamo lasciati parlando della tua laurea in chimica all'Università di Londra, con un anno aggiuntivo in Svezia", dico per delineare un punto di partenza, mentre sfoglio il mio inseparabile taccuino degli appunti. Anche Hemingway pare che portasse sempre con sé un taccuino per annotare estemporanei pensieri, penso sereno mentre mi soffermo sulla prima pagina vuota, biro in mano, e guardo Camillo per concedergli la parola. Lui attende un attimo, come a richiamare dalla memoria la scaletta della sua vita, e inizia:

"Dopo l'università c'è stato il dottorato, qui in Germania, al Max Plank Institute di Golm, piccolo sobborgo di Potsdam. Sono rimasto lì per tre anni, dal 2009 fino al 2012. Fu davvero una bella esperienza ottenere il Phd in chimica; collaboravamo anche con laboratori parigini e c'era davvero tanto da fare".

"Dopo tre anni di Germania, parlerà perfettamente il tedesco", domando come di solito faccio, per sondare il rapporto di noi italiani con la lingua teutonica.

"A dire la verità le mie conoscenze della lingua locale sono piuttosto limitate. Lo staff del laboratorio in cui lavoravo era internazionale e quindi parlavamo in inglese".

Considerando appagata la mia curiosità sulla lingua, nonostante la risposta telegrafica di Camillo, decido di proseguire sondando la linea temporale della sua vita, domandando cosa avvenne dopo il 2012.

"Dopo il Plank Institute mi spostai allo IASS Institute of Advanced Sustainability Studies a Potsdam, per studiare la produzione di idrogeno da gas naturali, senza l'emissione di CO2".

Potsdam è una splendida cittadina a quaranta minuti da Berlino, dove sorgono i famosissimi stabilimenti cinematografici Babelsberg, conosciuti per essere gli studi più antichi al mondo, penso velocemente, mentre annuisco e lascio libero il mio interlocutore di continuare il suo discorso.

"Fu al Plank, quando vinsi la mia seconda borsa di studio, che iniziai a sviluppare il mio interesse per le energie rinnovabili e le cosiddette energie pulite".

Spesso, prima di un'intervista, mi documento sulla vita della mia "vittima". Giorni fa, cercando informazioni su Camillo, venni a sapere di una sua collaborazione con lo scienziato, premio Nobel per la Fisica, Carlo Rubbia e così, senza allentare la presa, faccio di tutto per approfondire questo aspetto proprio nel momento in cui Camillo appare più silenzioso. "So che nel suo Palmares vanta collaborazioni importanti", chiedo malizioso. Nello stesso tempo restando volutamente sul generico mi rigiro la penna tra le dita, lasciando trasparire una certa ansia.

"Intende forse il professor Rubbia", dice Camillo corrucciando leggermente la fronte come a sottintendere che le mie ricerche lo hanno preso alla sprovvista; poi, senza scomporsi, recupera immediatamente il controllo e continua.

"Ho avuto la possibilità di lavorare con il professor Rubbia per un anno e qualche mese sullo sviluppo di una nuova tecnologia, quando ero all'IASS. Lavorare con lui è stato oltre che un grande onore, anche una grande esperienza formativa, perché ci ha sempre incoraggiato a cercare di risolvere ogni problema con idee impensabili".

"Deve essere stata un'esperienza molto formativa", ammetto quasi per concludere prima di cambiare discorso. "Che effetto le fa essere inserito nella categoria dei tanto criticati cervelli in fuga?", chiedo sarcasticamente.

Camillo sorride a fatica mentre si sta portando la tazza alla bocca per sorseggiare il suo caffè, ma poi interrompe il gesto dando priorità alla mia domanda.

"La mia vita non è stata una fuga dall'Italia". Poi fa una pausa e aggiunge come a giustificare una verità non accertata: "almeno mi sembra. Le mie scelte le ho sempre fatte perché incuriosito da nuovi posti di lavoro. Scelte precise che sono state incoraggiate quasi sempre dalle ottime opportunità professionali che si sono presentate nel tempo. Con questo intendo che probabilmente avrei fatto lo stesso percorso anche in Italia, se mi fossero state fatte proposte di pari valore. Ho seguito le mie curiosità, il mio bisogno di crescita, lo ripeto, per mettere in campo la mia preparazione e misurarmi. Forse l'Italia, come Paese, dovrebbe interrogarsi sulla sua incapacità di offrire opportunità a studenti e professionisti".

Parole queste che invitano alla riflessione e, dando una fugace occhiata all'orologio appeso nel muro di fronte a me, mi rendo conto che il tempo a mia disposizione è finito. Devo tornare in stazione per riprendere il treno verso Berlino.

Saluto Camillo facendogli gli auguri per la sua nuova vita a Monaco e mi incammino ripercorrendo a ritroso il tragitto che dalla stazione mi ha portato al bar. Sulla via del ritorno, sovrappensiero, ripenso alla critica costruttiva espressa da Camillo all'Italia e non mi rendo conto che sto quasi per attraversare un incrocio pedonale con il rosso, ormai scattato. Fortunatamente mi fermo in tempo e, tornato sul marciapiede, come in imbarazzo per la mia sbadataggine, cerco complicità negli sguardi delle altre persone che mi circondano in attesa di attraversare. I loro sguardi mi gelano. Non un sorriso, nemmeno di circostanza. Mi guardano come un rivoltoso Barbudos cubano che spinge al caos, dopo aver tentato di infrangere le normali regole dell'attraversamento pedonale. Per fortuna il momento passa e io proseguo il mio percorso verso la ferrovia. Forse all'andata ero troppo preso dall'intervista, ma ora, e solo ora, mi rendo conto della frenesia delle persone per strada. Ora che ho modo di notarlo, mi accorgo che l'aria che sto respirando è più tesa, come leggermente isterica e contratta. Era da tanto che desideravo rivedere Monaco, ma con Berlino che mi fa battere il cuore per la sua rilassante stravaganza, non vedo l'ora di tornare a "casa", nel Brandeburgo.

SCOPRIBERLINO

L'appuntamento è alle 9 del mattino ad Alexanderplatz davanti all'orologio del mondo.

Con Marco Cuzzotti, guida turistica a Berlino, avevo preso accordi telefonici per fare un insolito giro nella parte Est della capitale alla ricerca di qualche curiosità.

Formale e leggermente distaccato Marco mi espone la prima difficoltà dell'escursione: "dovremo camminare parecchio – mi dice – mentre ci dirigiamo verso la Karl Marx Allee". Un vialone, questo, costruito tra il 1952 e il 1960 – mi precisa – e largo 90 metri. Ai bordi immensi palazzoni in stile sovietico, oggi rimessi a nuovo con guizzi di fantasia e cura dei particolari tali da prevedere persino massicce colonne agli ingressi.

"Anche in passato, però – aggiunge la mia guida ormai entrata nel pieno del suo ruolo –, in quanto a rifiniture non scherzavano.

Pensi che le facciate erano abbellite con porcellane di Meissen, tra le più ricercate e preziose".

Continuiamo la passeggiata e mentre mi guardo attorno mi ritrovo con la fantasia su un ponte, intento ad attraversarlo, quasi come a lasciarmi dietro il passato per andare incontro al futuro.

Mi viene in mente il film "Le vite degli altri" e penso che quell'immenso stradone è proprio quello che portava dritto dritto alle prigioni politiche della Stasi, la terribile e spietata polizia della DDR.

Il ritmo della camminata è sostenuto e a una certo punto noto sul marciapiedi largo quanto una carreggiata delle nostre autostrade un cartello con su scritto: *Gehweg Shaden*.

Marco soddisfa la mia curiosità e mi spiega: "un tratto del marciapiedi è danneggiato e allora il Comune avvisa i cittadini che ci sono buche e li invita a stare attenti. Un modo per evitare controversie legali in caso di cadute" aggiunge.

Poi mi ricorda che la Karl Marx Allee era famosa per i grandi raduni, per le oceaniche manifestazioni e per le sollevazioni popolari. Partì proprio da qui, da quella che veniva chiamata allora Stalinallee – mi sottolinea –, una imponente protesta popolare che venne repressa nel sangue".

Una parte della ex Berlino Est, questa, che ha visto come protagonisti assoluti nelle parate e nei discorsi prima Ulbricht e successivamente Honecker.

Continuiamo a costeggiare quegli immensi palazzoni, con alcuni balconi ingentiliti da vasi di fiori e con gli immensi terrazzi al primo piano. "Spazi creati dagli architetti dell'epoca – mi svela Marco – utilizzati da tutte le famiglie del condominio per socializzare tra loro. Servivano però soprattutto alla polizia per tenere sotto controllo amicizie e spostamenti degli inquilini".

Nel mio inconscio gioco, continuo a vedere la mia guida come colui che mi ha concesso uno speciale lasciapassare per entrare in una città chiusa. La percepisco come qualcuno che rischiara i lati oscuri di un passato recente trasmettendomi emozioni e passioni.

Così cerco altre risposte, confessioni che non avrò mai, perché la storia ha già rivelato tutto quello che possiamo sapere.

"Ripercorro per sua comodità gli aspetti principali di quel periodo – mi ribadisce Marco –: Walter Ulbricht fu tra i fondatori nel 1919 del partito comunista di Germania (KPD) e fu il politico che intensificò le relazioni con L'URSS. Proprio durante la sua presidenza venne eretto il muro".

Il ripasso continua: "gli successe Erich Honecker. Stiamo parlando di colui che è stato immortalato in quella famosa foto che lo ritrae mentre bacia 'alla sovietica' nel '79 il segretario del Partito Comunista Leonid Breznev.

Immagine ancora oggi esposta in molti luoghi di Berlino".

Assaporo il desiderio di una sosta, ma prima chiedo: "chi abitava in questi palazzoni-alveari?".

"L'èlite del Paese – mi risponde Marco –. Professori, politici attori. Era ben frequentata ieri ma anche oggi perché nel grande viale che porta verso la Frankfurter Tor non mancano le manifestazioni culturali a tutti i livelli, specie in occasione della Berlinale".

"Cinematografi e mostre?".

"Certo. Per tutto l'anno ci sono iniziative. In questa parte della città vi sono anche molti caffè famosi. Quello che sta di fronte a noi – mi indica Marco sicuro di farmi cosa gradita – è un locale storico pieno di charme. Si chiama Sybille e vi si possono gustare torte prelibate".

Ci accomodiamo e all'interno mi colpiscono ritratti e biografie di architetti famosi, insieme a manifesti del periodo socialista. Si può vedere anche un pezzo dei baffi di Stalin, pezzo recuperato dalla statua che sorgeva vicino al caffè e distrutta dalla sera alla mattina nel 1961.

Approfitto dell'atmosfera favorevole e cerco – come già gli avevo anticipato – di avere informazioni sul suo approdo a Berlino.

"Sono nato a nel 1981 a Vercelli. Mia madre era insegnante, mio padre impiegato alla Confagricoltura. Ho conseguito la maturità scientifica con discreti voti (80/100) nel 2000, ma le materie che più mi interessavano erano italiano, geografia, inglese e storia dell'arte. Insomma studiavo e ottenevo risultati, ma diciamo che non brillavo. Anzi ora, anche se sono trascorsi diversi anni, devo ammettere che non mi piaceva affatto il modulo di insegnamento della nostra scuola".

Continuo a dargli del "lei" perché avevo capito, durante la nostra passeggiata, che la mia guida voleva mantenere una certa distanza professionale per via del rapporto che si era creato tra noi: lui il fornitore d'opera, io il cliente.

"Dopo il liceo allora abbandona?".

"Tutt'altro. Le pressioni di famiglia mi condizionano. Mi iscrivo alla Statale di Milano per un corso di laurea in storia. Ogni tanto vado nella capitale lombarda per seguire le lezioni, ma non scatta la scintilla. Trovo Milano grigia e troppo cara per le mie tasche. Non riesco ad ambientarmi. Non riesco a concentrarmi. In quel periodo, inoltre, viene a mancare mia madre e io sto molto bene a casa, con mio padre e mia sorella, dove do libero sfogo a un'altra mia passione, la cucina".

"Creatività tra i fornelli e riflessione?".

"Proprio così. Mi convinco col passare del tempo che devo terminare gli studi, che devo avere uno scatto di orgoglio e, anche se in ritardo, mi laureo in storia contemporanea con un punteggio di 108/110, tanto che la mia tesi sulla sinistra nel vercellese è stata alla fine molto apprezzata".

"Di cosa trattava esattamente?".

"Un lavoro diviso in due parti che si riferiva al periodo 1921/ 1922.

Nel primo ho analizzato il cosiddetto biennio rosso e le lotte sindacali con particolare riferimento al Partito Socialista. Nella seconda parte ho approfondito la crisi del socialismo e il diffondersi del fascismo. Frammenti di vita ormai archiviati; eravamo nel 2006-2007. Ricordo che discussi la tesi con il Prof. Canavero".

"Da quel momento tutto più facile?".

"Assolutamente no. Mi sentivo assieme a tanti miei coetanei sospeso in un limbo. Già da allora regnava l'incertezza nel mondo del lavoro in Italia. Dovevamo arrabattarci: alcuni amici – ricordo – hanno dovuto accontentarsi di lavorare in qualche paesino sperso tra le risaie. Supplenze brevi a scuola e niente più. Riempitivi che non lasciavano ben sperare nel futuro. Quel famoso pezzo di carta sembrava non interessare a nessuno".

"Una via d'uscita però bisognava trovarla…".

"Sì, partecipai a un paio di concorsi per svolgere un dottorato di ricerca, ma non successe nulla e allora, sconsolato, non inviai più nemmeno i curricula. Non facevo parte di nessuna cordata politica e mi stavo convincendo che non ne sarei uscito. L'unico atteggiamento che mi imponevo era di dissimulare il mio stato d'animo".

Mentre Marco raccontava, io annuivo come a volermi calare nella sua realtà di quei tempi e spesso i nostri sguardi si incrociavano con complicità.

Seduto al tavolo di quello storico locale avrei voluto immergermi nell'atmosfera del momento: signori di mezza età che chiacchieravano davanti a un caffè, anziane signore intente nella lettura e un impercettibile brusio di fondo ma mi accorsi che la storia di Marco aveva preso il sopravvento.

"Qual è allora il colpo di scena?".

"Semplice! Dentro di me si faceva sempre più insistente il desiderio di andarmene. Sentivo il bisogno di uscire dalla provincia dove non succedeva mai nulla di interessante e cercavo luoghi che potessero offrirmi opportunità qualificate. Parlavo un po' di inglese e meditavo di fare il salto da un momento all'altro. Ero stato a Berlino nel 2006 e, anche se avevo riscontrato alcuni aspetti negativi trascurabili, ne ero rimasto folgorato: città con grosse attrattive culturali, quartieri pieni di vita e di persone delle più svariate nazionalità. Una città – ho subito pensato – che sembrava studiata per i giovani".

“Cosa, invece, non le piaceva?”.

“Nulla di importante ma il prezzo dei trasporti che, sebbene funzionino perfettamente, per me è esagerato. Un biglietto superava i due euro già a quei tempi. Inoltre, per fare un altro esempio, la informo che a Berlino durante l’inverno bisogna stare attenti: i marciapiedi rimangono ghiacciati per mesi dopo le enormi nevicate e il rischio di rompersi l’osso del collo è concreto”.

“E allora è partito?”.

“No. Nella primavera del 2008 mi chiamarono per una supplenza di un paio di mesi in una scuola media di un paesino tra Vercelli e Torino. Un’esperienza che ho voluto fare per non avere scrupoli, ma non mi arricchì. Decisi in quei giorni persino di integrare la mia laurea con tre esami di lettere per non precludermi la strada dell’insegnamento ed entrare così in graduatoria. Dentro di me, però, non ero convinto e così mi iscrissi a un corso di tedesco.

Percepivo quell’antica sensazione che si respira nel nostro Paese quando si cerca lavoro. Il solito raccomandato mi passerà avanti, e chi mi giudica non sarà interessato a sondare la mie reali capacità, riflettevo tra me e me… Insomma in una parola non ho mai creduto nella meritocrazia. In Italia non esiste”.

“E così, siamo arrivati alla partenza?”.

“Nel 2009 carico la mia valigia e il mio cane su un furgoncino di amici che andavano a un festival musicale a Lipsia e sbarco nella città di Bach. Avevo preso contatti per ottenere un lavoro che non mi è stato dato. Una fregatura, questa volta da parte tedesca. La città è interessante, ma per me poco stimolante e così cedo al richiamo di Berlino”.

“Il fascino della grande città…”.

“Sì, ma anche realismo. Nella capitale tedesca avevo dei contatti: un amico di Vercelli e dei ragazzi tedeschi che avevo conosciuto in precedenza durante alcuni festival musicali. Mi diedi subito da fare rispondendo alle classiche offerte di lavoro che si trovano sui giornali; feci volantinaggio per promuovere nuovi ristoranti che si affacciavano sul mercato, finché, un giorno, tramite una mia coinquilina, venni a sapere che in una scuola elementare di Schöneberg (il quartiere reso famoso nel 1963 dal discorso del presidente Kennedy che disse *Ich bin ein Berliner!* Io sono berlinese) cercavano un italiano”. Dopo tale sfoggio culturale, sempre più incuriosito chiedo:

"Cosa le hanno proposto?".

Marco accenna a un timido sorriso e prosegue: "la scuola era italo-tedesca, ricordo che si chiamava Finow e mi offrì un posto come *madrelinguista*".

"Ossia?".

"Dovevo affiancare l'educatrice tedesca ed aiutare i bambini a fare i compiti in italiano. Dovevo giocare con loro, stimolare la loro curiosità e mantenere vivo l'interesse dell'Italia, perché si trattava di bambini figli di coppie miste".

Mi lascio sopraffare da una intuitiva personale interpretazione e guardando gli occhi grigio-azzurri di Marco aggiungo: "un bel lavoro, un buon inizio…".

"Non potevo lamentarmi, ma guadagnavo solo 400 euro al mese. In ogni modo erano tempi felici quelli… Pensi che 185 euro mi servivano per pagare l'affitto e il riscaldamento di una stanza di soli 15 mq per me e il mio cane.

Poi mi sono spostato a Friedrichshain, un quartiere popolare abitato prevalentemente da ragazzi e lì, per una sistemazione di 18 mq, spendevo 250 euro. Ora a Kreuzberg, per 25 mq, il costo è di 345 Euro. Questo per fare una comparazione e farle capire come sono cambiati i tempi da quel lontano 2009".

"Continui a raccontarmi…".

"Allargo la ragnatela delle conoscenze, trovo un altro lavoretto per incrementare la mia finanza, mantengo la collaborazione con la scuola e un giorno vengo contattato da una amica che lavorava nel settore turistico. In sostanza mi offre la possibilità, grazie anche ai miei studi, di fare la guida turistica. Inizio e siamo alla fine del 2009. Tutto scorre, l'attività gira abbastanza bene ma…".

Mentre Marco cerca le parole per rispondermi gli chiedo: "con quel ma allude alle incomprensioni che si creano quando si è in società?".

"È proprio così! L'inconscio dei popoli, come quello delle persone, riserva sempre qualche sorpresa. Avevamo una diversa concezione del lavoro. I miei futuri soci erano italiani, ma non ci capivamo proprio e così, nell'autunno del 2012, ho preferito abbandonare il gruppo".

"Si ricomincia?".

"Si, ma con una diversa carica che mi era stata fornita proprio dal mio soggiorno berlinese: propongo un progetto di ricerca per un dottorato a Durham, in Gran Bretagna. Il posto mi viene offerto, ma senza finanziamento da parte dell'università e, quindi, lo rifiuto. A quel punto senza tentennamenti mi metto in proprio. Dalla primavera del 2013 è in rete il mio sito, che si chiama *ScopriBerlino*. Insomma l'impegno è identico a quello degli anni precedenti, a quando lavoravo con gli ex compagni ma, adesso, sono solo. Imprenditore di me stesso. Preparo i testi del mio sito e del blog, accompagno i clienti e curo la corrispondenza, cercando di far capire loro che io studio sempre per fornire il massimo delle informazioni e delle curiosità".

"Ma non c'è tutto sulle guide?" chiedo provocatoriamente.

"Assolutamente no!". In quell'istante Marco mi guarda e con determinazione e professionalità mi snocciola alcune cifre. "Lo sapeva che in autunno cadono 22 miliardi di foglie, quelle gialle che lei vede qui a Berlino, e che si disperdono 5767 tonnellate di ghiande, assieme a 71 milioni di castagne, non commestibili?".

Mi rassegno a tanta dimostrazione di cultura e vado oltre.

"È stato complicato avviare un'attività commerciale per lei straniero, e chi sono i suoi clienti?".

"No è stato semplice. Qui non c'è la burocrazia che abbiamo in Italia. L'ufficio delle tasse mi ha dato un numero che si riferisce alla mia posizione fiscale e ai miei incassi. Ho spiegato cosa avrei fatto e tutto si è risolto velocemente. Ogni mio incasso lo dichiaro. Non ci penso nemmeno a frodare... sarebbero guai se mi scoprissero. I miei clienti sono i turisti, le famiglie italiane con figli al seguito. Si servono di una guida perché non conoscono la lingua e perché vogliono spiegazioni approfondite. Tutti molto curiosi anche se"...

"Anche se, che cosa?" domando con impazienza.

"Mi è capitato di sentirmi chiedere, qui a Berlino: ma quando si svolge l'Oktober Fest? Oppure: domani possiamo visitare il famoso bunker dove Hitler si è suicidato? 'No, ho risposto, non esiste quel famoso bunker'. C'è anche chi, vittima della propaganda della guerra fredda, stenta a credere che ora, specie dopo le tante ristrutturazioni, la parte Est di Berlino possa essere più bella di quella occidentale. Ecco, sono molte le domande stravaganti ma in vacanza tutto è permesso".

Il caffè Sybille comincia ad animarsi perché si avvicina l'ora del pranzo e il brusio si trasforma in vero rumore di fondo. Prima di riprendere il cammino, voglio soddisfare altre curiosità.

"Lei che frequenta parecchi tedeschi perché la sua fidanzata è austriaca può dirmi come siamo considerati noi italiani? Stiamo acquisendo un look di più alto profilo – domando – oppure…".

"Con amarezza devo risponderle che la nostra immagine non è molto cambiata nel corso degli anni: inefficienza, passionalità, buona cucina, criminalità, scarsa serietà e il Paese dei tanti misteri mai risolti. Questi sono alcuni degli stereotipi più ricorrenti. Ce ne sono anche altri peggiori che ci dipingono come violenti, caotici, corrotti, con governi che non durano e politici che non vogliono dimettersi mai. Per carità, non voglio dire che tutti la pensino allo stesso modo, ma questo è quanto sento dire in giro. Forse dipenderà dalla mentalità luterana dei berlinesi portata a dare giudizi netti tra il bene e il male. Sì, come tutti i popoli non siamo senza difetti, ma il più delle volte i tedeschi non si rendono conto che noi italiani abbiamo una visione dei problemi più intuitiva che razionale e quel nostro modo diretto di affrontare le situazioni ci fa apparire quello che in realtà non siamo.

Nonostante questo pensi che c'è una nuova malattia che sta contagiando i tedeschi: la voglia di imparare l'italiano. È di gran moda studiarlo, ha superato persino l'interesse per la lingua francese e così noi senza volerlo abbiamo sferrato un duro colpo al tradizionale sciovinismo d'oltr'Alpe. Sono in tanti a voler parlare italiano".

"E dei tedeschi cosa ci può dire?".

"Non posso giudicarli basandomi sul comportamento e sul carattere dei berlinesi. Questa città non rappresenta la realtà del Paese. Qui c'è più elasticità, più trasgressione, mi riferisco ai piccoli comportamenti quotidiani, più flessibilità, anche se resta una certa diffidenza verso gli stranieri.

"Un'ultima curiosità: per fare la guida che esami ha dovuto affrontare?".

"Nessuno. Ho studiato per non imbrogliare i miei clienti. Ho letto, cercato e analizzato nei molti volumi scritti in tedesco tutte quelle informazioni indispensabili alla mia professione.

Ho rischiato e sudato. Ringrazio questo Paese che ha riconosciuto la fatica, l'impegno e la serietà che ho messo nel lavoro".

Adesso è arrivato il momento di proseguire il tour con la nostra guida turistica che esce dal tormento delle domande che gli ho rivolto e sembra pronto a farci scoprire altre curiosità e altri simboli di Berlino.

ALMENO RISPONDONO

Nel giardino di Wilhelmsaue, antistante il Volks Park, il secondo per grandezza di Berlino, si levano grida gioiose di bambini e voci adulte dall'idioma familiare. Il Belpaese è lontano, ma il piccolo parco è pieno di italiani. Siedono intorno a tavole apparecchiate alla buona ma colme di cibo e dolci fatti in casa. Alle sei del pomeriggio è già quasi buio ma non fa molto freddo. Oggi, 11 novembre, nel Nord Europa si celebra la Festa delle Lanterne. Si racconta che un tempo, quando i contadini raccoglievano nei campi le provviste per l'inverno, le lanterne aiutavano a vincere le precoci ombre della sera: a reggerle erano i bambini, e per questo la Festa delle Lanterne è la loro festa, che preannuncia l'arrivo del Natale. A Wilhelmsaue Francesco Mancori è venuto con suo figlio, Milo, di appena 3 anni.

Laurea in "Filosofia della Scienza" all'Università romana di Tor Vergata, tesi sul rapporto tra sapere e potere nella società post industriale, lode e bacio accademico per essergli stato riconosciuto di aver trattato con particolare capacità un argomento come Internet – che in quel momento cominciava a diffondersi in Italia – Francesco è stato sempre attratto dalla Rete e dalle sue potenzialità. Nei primi anni Novanta, giovane universitario, si intrufolava di notte nei locali della Facoltà per navigare sui computer.

Con i brillanti studi alle spalle e le competenze acquisite sul campo, avrebbe potuto puntare a un carriera universitaria di sicuro successo. Ma non si fida: "La prospettiva di fare un giorno l'assistente non mi attraeva. Sapevo che sarei stato sfruttato, che avrei finito, come altri, per fare l'assistente remunerato con qualche centinaia di migliaia di lire perché questa era, ed è ancora, la situazione nelle università, dove si sa che la fanno da padroni i cosiddetti baroni".

Nel 1997, un anno dopo la laurea, la decisione di trasferirsi in

Inghilterra. "Ero sicuro che da quelle parti chi ha voglia e capacità di apprendere, chi si è laureato con un voto alto, è considerato per quel che vale. In quel momento il mio interesse, non so per quale ragione, si sposta dalla filosofia all'analisi finanziaria. Comincio ad approfondire la politica economica e a lavorare in una società finanziaria. Dopo qualche mese, mi rendo però conto che quel tipo di lavoro non fa per me. Bisognava avere un approccio totalmente freddo nei confronti del mondo e tanto pelo sullo stomaco. Un modo di essere e di sentire che non rientrava nelle mie corde".

Francesco decide allora di tornare a Roma. Trova un posto in una società di hardware, fa l'assemblatore di computer, li ripara, si occupa del settore commerciale. Guadagna bene ma non è contento e il tarlo della irrequietezza lo assale di nuovo. Così, poco dopo, mette su con due amici uno studio di grafica e multimedia.

"Costruivamo siti Internet. Un periodo interessante anche perché avevo esteso i miei interessi, dandomi all'insegnamento dell'informatica. I miei allievi erano ex detenuti impegnati in uno speciale programma di reinserimento nella società. Nel 2001, proprio quando mi sembrava di avere finalmente trovato la strada giusta, vengono tagliati i finanziamenti. Lo studio allestito non dà i frutti sperati e di fatto mi ritrovo alla ricerca di un'altra occupazione".

Proprio in quei giorni Francesco conosce Elisa, studentessa di architettura a Venezia, e mette su casa con lei. Risparmiando su tutto, affittano un piccolo casale, con una ventina di ettari coltivati a uva e olive, a Grottaferrata, cittadina dei Castelli Romani. Cominciano a produrre vino e olio ma il commercio non va bene. E allora, altra svolta.

"Riesco ad avere una collaborazione con il Goethe Institut e con la Japan Foundation, creando per loro filmati di documentazione. Il tutto mi soddisfaceva ma poco alla volta, per ragioni di bilancio, entrambi chiudono i rubinetti".

Tanto ideativo quanto cocciuto, Francesco non si perde d'animo. Continua a coltivare il grande sogno di realizzare filmati e si mette a fare il Deejay TV, professione che comincia a prendere piede in quegli anni. Elisa è sempre al suo fianco, e i due si sposano. Fermo nell'amore, instabile nel lavoro. Francesco è così. C'è una spiegazione?

"Io non ho mai inseguito una carriera ma la mia realizzazione interiore. Non potevo e non posso accettare compromessi. Dentro avevo una gran voglia di esprimermi, ma intorno l'atmosfera non mi piaceva. Con mia moglie in quel periodo decidiamo di giocare anche altre carte. Cominciamo a fare spettacoli con costumi luminosi. Lei, in fondo, essendo sua madre sarta, è figlia d'arte. Noi diamo il nostro contributo a chi organizza feste per promuovere o lanciare qualcosa. Oltre alle luci e alla musica davamo creatività estetica, ossia figure in costume che si fondevano con speciali musiche e luci. Per due o tre anni facciamo la vita da artisti ma poi il proprietario del casale di Grottaferrata decide all'improvviso di raddoppiarci il costo dell'affitto. Un po' per ragioni economiche, un po' per ripicca, accarezziamo l'idea di acquistare una casetta in campagna sulla via Tiberina, sempre fuori Roma, e ci trasferiamo là".

Francesco nega di essere persona caratterialmente incerta o, peggio, incline ai capricci. A cosa si deve, allora, il rapido susseguirsi di lavori nei quali si butta a capofitto?

"I miei continui cambiamenti di vita sono causati dall'ambiente che mi circonda, e da una precarietà tutta italiana dalla quale mi sento avvolto. Per studiare e sperimentare come volevo fare io con i video, c'era bisogno anche di un certo contesto. Comunque, io e mia moglie continuiamo a creare video e speciali animazioni per una grande società ma non mi sento appagato. Prima di mollare, tento strade originali nel settore, presento una serie di lavori innovativi. Ma nessuno mi ha mai risposto. Così nel 2007, quando nasce il nostro primo figlio, Milo, e mia moglie ottiene alcuni contratti come assistente all'Università Roma Tre, si fa in tutti e due pressante la voglia di prendere decisioni drastiche per il nostro futuro. Ogni anno, con Elisa, andavamo in vacanza a Berlino, dove avevamo fatto amicizie interessanti con dei giovani tedeschi. Senza contare che a Berlino c'era una concentrazione di eventi che ci attraeva moltissimo: mostre, locali, *workshop* e dibattiti pubblici di estrema attualità. Mi riferisco in particolare all'arte elettronica e all'arte digitale, che sono state, prima per me e poi per mia moglie, gli interessi primari della nostra vita. Un solo esempio: a Berlino c'è il gruppo storico più antico di hackers al mondo, che si interessa dei problemi della libera circolazione delle informazioni in Rete. Quello che trovavamo lì era impossibile immaginarlo a Roma. Ed è per questo che siamo stati attratti da Berlino: una città contagiosa che, pian piano, durante i nostri brevi periodi di vacanza, aveva smosso dentro di noi dei meccanismi che aspettavano solo di scattare".

Ma a far traboccare il vaso, ecco il classico 'fattore esterno' che si abbatte su Francesco e Elisa e, soprattutto, sulla loro casa sulla Tiberina: la decisione del presidente della Regione Renata Polverini e del sindaco Gianni Alemanno di creare sulla Tiberina, proprio vicino alla loro abitazione, una discarica per lo smaltimento dei rifiuti.

"A quel punto non abbiamo avuto dubbi, abbiamo venduto casa e ci siamo trasferiti a Berlino, dove abbiamo acquistato un appartamentino: 70 metri quadri pagati novantamila euro. No-van-ta-mi-la, a Berlino-Berlino, la capitale della Germania, non fuori città. Ed è qui che pochi giorni fa è nata Frida, la nostra seconda figlia. A proposito, Milo…". Francesco chiama una, due volte il figlio, che però non sembra avere molta voglia di lasciare i suoi compagni di gioco. "Milo, dobbiamo andare a casa, ci aspettano mamma e Frida…", lo sollecita mentre gli si avvicina. Con aria imbronciata, Milo affida a un altro bambino un piccolo involucro di cartone che contiene una lanterna dalla incerta fiamma, e si lascia portare via. "Nostro figlio qui si trova bene, ha molti amichetti e, particolare molto importante per me e mia moglie, frequenta un asilo dove gli riservano attenzione e rispetto e gli assicurano, per di più, un'ampia offerta didattica".

Insomma, ce n'è abbastanza per dimenticare l'Italia…

"Mai. Noi amiamo il nostro Paese ma vogliamo fare una nuova esperienza e per questo ci siamo immersi nella società berlinese per capire meglio le differenze tra i due Paesi. Abbiamo rinunciato alla TV italiana. Guardare la TV locale è anche un modo per apprendere meglio la lingua. Ora seguiamo i nostri piani e diciamo che al momento siamo più che convinti della scelta fatta. Sappiamo che qui possiamo costruire il nostro domani e al momento godiamo di quello che ci offre la città. Con le 160 diverse nazionalità che vi sono rappresentate, considero Berlino la New York d'Europa. Cercavo più ordine e anche una certa elasticità e qui l'ho trovata. E poi i berlinesi, e i tedeschi in genere, non sono così freddi come vengono dipinti, anche se le differenze di carattere fra noi e loro esistono. Ripeto: io il mio Paese lo amo. Ciò che però in Italia non sopporto è la mancanza di rispetto verso gli altri e verso il loro lavoro. E poi qui in Germania le regole sono accettate da tutti. Recentemente, per motivi di famiglia, sono andato in Italia in macchina. Arrivato al confine cartelli luminosi, ben visibili, avvertivano che agli autotreni era vietato parcheggiare nelle aree adiacenti l'autostrada, mentre potevano sostare nelle piazzole a loro riservate. Ebbene, nonostante la segnaletica molto chiara, arrivato a Vipiteno, tutti i grossi camion, e quasi tutti stranieri, in barba ai divieti erano parcheggiati ai bordi dell'autostrada. La polizia italiana vede e non dice nulla. In Germania tutto questo non sarebbe possibile. Altri esempi? Io amo la musica e a Berlino ci sono più orchestre di musica classica che in tutta Italia. Da noi si fa di tutto per farle morire. Qui c'è il più grande cantiere d'Europa. Certo, non mancano problemi di natura architettonica dovuti a palazzi ultramoderni che contrastano con le linee stilistiche di pregiati fabbricati degli inizi del Novecento, ma in ogni caso si costruisce cercando di rendere più facile la vita ai cittadini. Il quaranta per cento della superficie cittadina è verde e le piste ciclabili che consentono di andare da un estremo all'altro della città non si contano. I ciclisti e i pedoni sono sacri. Qui è quasi impensabile che si possa morire sulle strisce pedonali".

"Insomma viva Berlino e abbasso Roma?".

"A Berlino si può sperimentare. Qui ho il mio laboratorio. Ho dei progetti e ci sto lavorando. Ho già ottenuto quello che considero comunque un successo. Ho presentato un lavoro a una grande azienda e subito mi è stato risposto che non interessa. Almeno mi hanno risposto. E poi qui la vita è meno cara che in Italia e io continuo a inseguire il mio sogno. Credo nella mia capacità e nella mia fantasia, dono della mia italianità che, ne sono sicuro, quanto prima mi consentirà di sfondare".

Poco lontano i bambini continuano a intonare filastrocche e canti natalizi. "Ce la farò, io e Elisa ce la faremo, soprattutto per i nostri bambini", dice Francesco. Poi, con in braccio Milo, si avvia verso casa.

VENDITORE A TUTTI I COSTI

Oggi è domenica, decido di prendermi una giornata libera e di muovermi sulla mia due ruote sotto un cielo insolitamente terso. Qualche tempo fa, ricordo mentre tolgo il lucchetto alla mia bicicletta, intervistai una ragazza che viveva nel quartiere di Neukölln la quale, appassionata di mercatini, mi aveva raccontato che Berlino offre davvero una notevole quantità di queste folcloristiche fiere dell'usato. Sembra che ogni quartiere abbia il suo mercatino e che aprano a giorni alterni, sparpagliati un po' dappertutto. Oggi è il giorno del famoso mercato del Mauerpark ed è là che mi sto dirigendo. Il Mauerpark è un grande parco che sorge nel quartiere di Prenzlauerberg, a Nord della città. La forma di questa area verde è inusuale, stretta e allungata e vengo a sapere che deve questa strana geometria al fatto che prima di essere parco, questa area era un pezzo della cosiddetta striscia della morte del muro di Berlino.

Arrivato al parco che ospita il mercato, rimango sorpreso dalla quantità di gente che vaga per le bancarelle alla ricerca di un buon affare o che, semplicemente, chiacchiera seduta sull'erba con l'immancabile birra tra le mani.

Su un lato del parco noto una specie di piccolo anfiteatro. La folla seduta sui ripidi gradini tipici di questo tipo di costruzione è intenta ad incitare un ragazzo che, in piedi su un piccolo palchetto di fronte al pubblico, sta cantando una canzone con un piccolo microfono collegato ad un amplificatore. Mi avevano parlato di questo svago: il karaoke. Chiunque voglia cimentarsi nell'arte canora qui può farlo davanti a un folto pubblico di sconosciuti. Basta aspettare il proprio turno, afferrare il microfono ed esibirsi. Mi hanno detto essere diventata una vera e propria istituzione qui a Berlino, soprattutto in estate dove in un clima goliardico, strano da immaginare per l'idea tutta nostra del rigido tedesco spesso in ciabatte e calzini corti, è il pubblico stesso che, gridando e ridendo, richiede all'artista di turno di cantare specifiche melodie.

Le bancarelle all'interno del mercato sono davvero di tutti i tipi. Espongono vestiti, mobili, biciclette, piante. Sembra sia possibile comprare di tutto. Molti degli articoli venduti sono di seconda mano, oggetti spesso vecchi e polverosi, ma che piacevolmente catturano la mia attenzione perché emanano un fascino di antico e perduto.

Quasi a intervalli regolari, come se fossero punti di ristoro strategicamente posizionati, ci sono chioschi dove è possibile mangiare o semplicemente bere qualcosa. Anche nel settore alimentare la scelta è tanta e soprattutto multietnica. Bancarelle di cibo indiano vendono le loro prelibatezze accanto a bancarelle dove per meno di due euro è possibile comprare il tradizionale currywurst, piatto simbolo di Berlino, costituito da una grossa salsiccia tagliata a pezzi e affogata in un mare di ketchup e curry. Auguri per il vostro fegato.

Passeggiando tra le affollate vie del mercato, facendomi letteralmente largo tra la tanta gente che come me ha deciso di passare qui alcune ore, le mie orecchie vengono catturate da una moltitudine di lingue diverse. Ascolto passeggiando pezzi di frase in italiano, spagnolo, inglese, portoghese e ovviamente anche in tedesco, che mi danno l'immediata percezione della multiculturalità del luogo e di riflesso anche di Berlino. Mi colpisce però un dettaglio: non sono solo i cosiddetti clienti, forse turisti a parlare altre lingue, ma anche i proprietari delle bancarelle stesse. Decido di indagare questo aspetto e l'occasione mi si presenta qualche minuto dopo, quando sento un ragazzo parlare italiano mentre riordina dei vestiti.

Mi avvicino per fare la sua conoscenza e dopo aver accertato che è lui il proprietario del banco, decido che forse, senza volerlo, ho trovato un altro personaggio da inserire nel libro. Informo Luca Barbieri, questo il suo nome, delle mie intenzioni letterarie e lui, sorridendo, accetta di raccontarsi un po'. Mi dice che è nato nel 1987 sul Lago di Garda da madre svizzera e padre italiano. Superate le informazioni anagrafiche, chiedo a Luca di parlarmi della sua formazione.

"Dopo essermi diplomato in ragioneria ho iniziato a studiare giurisprudenza all'Università di Verona, ma solo per sei mesi perché mi si è presentata una proposta lavorativa che ai tempi mi sembrava piuttosto allettante: dopo un breve tirocinio sono entrato in società con un mio zio in un'agenzia di viaggi. Io mi occupavo di business travel. Interessante senz'altro, ma qualcosa mi diceva che quello non era veramente il mio posto. Star seduto in un ufficio a organizzare piani di viaggi chic per le aziende non faceva per me, quindi, dopo tre anni di attività, ho ceduto la mia quota associativa ma solo dopo aver trovato un altro lavoro sempre sul Lago di Garda", aggiunge compiaciuto Luca.

"Divento così team manager di un negozio di vestiti di marchi inglesi, il Masterplan. Mi sentivo felice e vedevo che mese dopo mese acquisivo esperienza in quella che per me è una grande passione: la vendita. Nelle pause leggevo libri sul marketing anche se li trovavo noiosi perché presumevo di sapere già tutto. Ero invogliato dal vedere il risultato a fine mese e sapere di essere sempre il migliore tra i tre negozi della catena per cui lavoravo. E lo ero. Ma dopo un anno e mezzo circa questo entusiasmo si placa, causato da un malessere interiore che mi logorava. Spesso tra me e me mi dicevo: non posso per tutta la vita lavorare per qualcun altro! Io voglio rischiare e fare qualcosa di mio! Voglio ambire a posti più alti ma soprattutto prendermi responsabilità e rischi di eventuali affari. La situazione non mutava e il mio stipendio, nonostante i miei continui miglioramenti, rimaneva sempre uguale".

Luca, carnagione chiara, occhi grandi e una barba volutamente incolta parla a ruota libera con l'entusiasmo di un bambino ma la gente attorno a noi è tanta e la ragazza bionda dietro alla sua bancarella mostra di avere difficoltà a gestire i clienti. Capisco quindi che questo non è il posto giusto per una spiegazione esaustiva della vita di Luca, quindi gli propongo di trovarci la sera successiva a mangiare qualcosa per terminare la chiacchierata. Prima di lasciarlo, in preda a una forte curiosità, pongo a Luca un'altra domanda.

"Guadagni bene a vendere i vestiti di seconda mano, qui al Mauerpark?"

"Preferirei chiamare la mia merce capi Vintage – puntualizza – e poi risponde: "per uno spazio bancarella pago solo 35€ e quando va bene riesco a vendere per 400€ che alla fine divido con la mia ragazza" conclude Luca indicando con un gesto della mano la ragazza oltre il bancone.

Lascio il mio biglietto da visita e lo saluto ricordandogli l'appuntamento per il giorno seguente.

Incontro Luca in un piccolo ristorante pugliese nel cuore della città, a Kreuzberg, dove ordina un piatto di spaghetti mentre risponde a una mia battuta sulla sua barba da me scherzosamente definita afgana.

"Quando ero in Italia – mi spiega – cantavo in una band anni '50 e tutti mi dicevano che assomigliavo a Johnny Cash". Poi restando in argomento continua: "Lo sa che qui in Germania se si scarica musica illegalmente si può venir multati per migliaia di Euro? C'è un organo che si chiama GEMA che non è altro che la nostra SIAE. È un ente che gestisce i diritti d'autore e che qui applica regole di restrizione pesantissime. Molti video di artisti famosi, in Germania vengono bloccati con il messaggio che il filmato che vogliamo vedere è protetto da copyright".

"Questo sicuramente spingerà la gente a comprare più musica in maniera legale" dico, e intenzionato a cambiar argomento approfondisco: "Vorrei tornare alla tua formazione. Mi stavi raccontando della tua esperienza come manager di negozio per una marca di abbigliamento inglese", preciso mentre il cameriere ci porta le nostre ordinazioni. Ci accingiamo a mangiare e Luca tra un boccone e l'altro prosegue il suo racconto:

"Ero venuto tre anni fa qui a Berlino la prima volta, a trovare degli amici che frequentavano l'Erasmus. Mi ricordo che una sera mi trovai seduto ad un tavolo in una vecchia osteria stile tirolese, tutta in legno, candelabri con luce soffusa e vino rosso.

Intorno a me un caleidoscopio di nazionalità. Una pianista Sudcoreana che aveva suonato all'Arena di Verona, una modellista di scarpe lituana, un fotografo turco, un giovane artista americano, una ragazzona greca che parlava solo della crisi della sua nazione, uno spagnolo sempre ubriaco e altri che non ricordo da dove venissero. Fu quella sera, circondato da quella varietà umana, che presi la grande decisione: Berlino, un giorno, sarebbe stata la mia città. Finite le vacanze torno in Italia e tutto non aveva più senso. Nemmeno la mia band di rock'n'roll anni '50 dove io ero la voce non mi soddisfaceva più. Anche il lavoro, che un tempo mi dava stimoli di crescita personale, d'un colpo mi apparve come qualcosa che non mi apparteneva. Era tempo di far le valigie e di fare un biglietto di sola andata. Stavo iniziando con consapevolezza a indirizzare il mio sguardo verso l'estero".

“Avevi già deciso di spostarti a Berlino in un tuo viaggio di piacere, mi pare di capire. Quindi cosa hai fatto? Ti sei licenziato e sei venuto qui?” chiedo tra una forchettata e l’altra.

“È andata proprio così. Mollo tutto in Italia, arrivo a Berlino e inizia così per me la famosa ricerca disperata di un appartamento. Passo una settimana in un ostello a mandare centinaia di mail e cercare di organizzare più casting possibili per trovare al più presto una sistemazione”.

“Cosa intendi con la parola casting?”.

“In pratica quando vuoi entrare in un appartamento e prendere in affitto una stanza, prima devi fare una specie di colloquio con gli altri inquilini della casa, per convincere loro che non farai casini. Ti chiedono di tutto, che musica ascolti, quante cene con amici hai intenzione di fare, a che ora sei solito tornare, se ami gli animali e di che religione sei. Spesso le case hanno tante regole in modo da permettere una convivenza più pacifica. Una volta mi è capitato che mi hanno detto che non potevo mettere la carne in frigo perché gli altri inquilini erano vegetariani”, specifica Luca divertito.

“Forse tutto questo denota un senso di solitudine” commento mentre cerco di capire il perché di tanta capillare selezione. “Sembra quasi che gli inquilini cerchino degli amici più che delle persone con cui condividere un appartamento”. Esprimo il concetto quasi come fosse un pensiero ad alta voce e decido di accantonare per un momento l’argomento, dimostrando di essere più interessato alla storia di Luca a cui chiedo di proseguire nel racconto.

“Dopo cinque giorni di ricerche poso le mie valigie a Weissensee, quartiere berlinese sul limite del Ring, l’anello ferroviario che circonda la città, tanto tranquillo quanto noioso. Sapevo che da lì a tre mesi si sarebbe liberata una camera in un appartamento di Kreuzberg a casa di un mio amico turco e non vedevo l’ora di passare quei tre mesi nel modo più veloce possibile”.

“Quindi anche tu ti sei dovuto scontrare con i problemi dell’alloggio ma vorrei anche sapere come hai superato le difficoltà con la lingua, altro grande scoglio degli italiani qui a Berlino. Ricordo che mi avevi detto che tua madre è svizzera. Forse il tedesco lo parlavi già?”.

“Purtroppo no. Avevo spesso il suono delle parole nella testa e forse questo mi ha avvantaggiato. Dall’Italia, prima di trasferirmi, avevo prenotato un mese di corsi intensivi al Goethe Institut, scuola rinomata in tutto il mondo per l'insegnamento della lingua tedesca. Dopo il mese di scuola intensiva già potevo parlottare con frasi elementari e potevo vantarmi di poter sopravvivere parlando già la lingua del luogo. Decido anche di trovare un lavoro e cercare di rafforzarla direttamente 'sulla strada'. Dopo qualche giorno trovo un lavoro in un piccolo café a Weissensee. Era l'unico café relativamente interessante del quartiere e per questo era sempre pieno. Noto però che non era organizzato bene, e inizio a proporre piccoli eventi come serate settimanali di proiezioni di film, o dj set e happy hour. Fatto sta che dopo due settimane divento team manager del locale e potevo decidere io quando e in che ruolo potevano lavorare persone che stavano lì da mesi e mesi prima di me. Trascorso un certo periodo il titolare del café mi propone un affare dicendomi che è proprietario di un enorme edificio inutilizzato tra la Friedrich Strasse e l'Oranienburger Strasse, che non sa cosa farsene e che vorrebbe da me qualche consiglio. La zona è piuttosto famosa perché molto commerciale e piena di gallerie d'arte e mi dice che possiede anche uno stabile pieno di Studios di artisti. Gioco facile per me insomma. Organizzo un Open Day di tutti gli Studios e lo pubblicizzo su dei quotidiani locali. Il piccolo café dove lavoravo è proprio di fianco agli studios e nel giorno della festa fa il record d'incassi. Il mio capo è soddisfatto del risultato della festa che ho organizzato e mi dà carta bianca per fare quello che voglio nell'altro edificio vuoto di sua proprietà. Non perdo tempo e mi invento una galleria d'arte con piccolo angolo bar. Giro sempre in taxi e ho biglietti da visita col mio nome e numero di cellulare. Eppure non ho mai studiato arte, mi baso solo sul mio chiamiamolo "buongusto" e su ciò che per me è vendibile o no. Dopo tre settimane di lavori organizziamo il primo vernissage, offro del vino costoso ad una coppia di ricchi turisti che avevo notato quella sera e senza nemmeno una cassa regolare o blocchetto di ricevute per i clienti vendo un quadro da 2500€ e mi organizzo su come farlo recapitare il giorno dopo. Era divertente, ma parlavo per il 99% del mio tempo in inglese, lingua che conoscevo già discretamente. In quel periodo apparentemente felice il mio entusiasmo si placa, di nuovo. Vengo colto da una sorta di insofferenza interiore che non saprei definire meglio. Così mi ripetevo: "se vuoi vivere a Berlino e ingranare le marce il prima possibile devi confrontarti seriamente con la lingua!". Mollo il lavoro e ringrazio il mio capo per i consigli di marketing assorbiti come una spugna, metto nel cassetto i biglietti da visita e torno a studiare intensivamente per altri tre mesi. Il Goethe Institut era troppo caro, non volevo pagare migliaia di euro per la scuola, e allora decido di iscrivermi alla Deutsche Akademie, dove un mese di corso costa solo duecento euro. Mi ricordo che una volta mi sono ammalato e non sono potuto andare a lezione. Alla sera mi squilla il telefono ed era la mia professoressa che oltre a voler sapere come stavo, mi chiamava per suggerirmi di mettermi in pari con i miei compagni di corso. Una cosa così è impensabile che succeda in Italia".

"Qualche tempo fa ho intervistato un'altra italiana e anche lei mi accennò a quello che nel nostro immaginario è stato il vecchio sogno americano. Ebbene adesso possiamo parlare di sogno Berlinese? Venire qui per fare fortuna. Sembra che per te sia proprio così". Esprimo il mio commento mentre Luca sorride e muove la testa come a dire no.

"Berlino non è l'America. Stanno venendo ondate e ondate di giovani da tutto il mondo a tentar la fortuna, ma non è l'America. Il costo della vita è decisamente più basso rispetto alle altre principali capitali Europee, ma è comunque dura. La lingua tedesca, come ho appena ricordato, è piuttosto difficile da imparare e tanti ragazzi si accontentano di fare lavoretti semplici tanto per pagare l'affitto e poter scrivere su Facebook di vivere in questa città. Berlino è la città più povera della Germania, prende sovvenzioni dallo Stato perché è la capitale, ma è ridotta sul lastrico. Non ci sono industrie e quindi non entrano grossi capitali. Trovare lavoro è difficile e trovare una stanza in un WG (*Wohnung Gemeinschaft*), cioè in un appartamento condiviso da altre persone è ancora più difficile come abbiamo già detto".

"Al Mauerpark mi hai presentato la tua fidanzata tedesca, sono sicuro che avere lei è stato sicuramente un aiuto", dico quasi a punzecchiare il lato narcisistico di Luca.

"Lei è la mia quotidiana e personale maestra di lingua", aggiunge Luca quasi stizzito, come a ribadire la sua autonomia e prosegue: "In casa abbiamo la regola che quando vengono ospiti parliamo tutti in inglese per dare la possibilità di comunicare anche a chi non parla tedesco, ma quando resto solo con lei parliamo solo la sua lingua. L'ho conosciuta questa estate, è di Colonia e vive a Berlino ormai da tre anni".

"Ma lasciamo da parte la tua biondissima fidanzata e continuiamo a parlare di te. Mi hai detto che hai lasciato il lavoro. Come ti mantieni adesso?".

"Ora lavoro in un bistrot con cucina italiana gestito da due ragazze tedesche, direttamente di fronte a casa mia, ideale per gente come me che ama dormire la mattina. Le sto convincendo a tenere aperto oltre alle ore 18 perché il locale è nuovo ma sta ingranando velocemente. La qualità della cucina italiana e i suoi rinomati ingredienti si vendono bene in Germania".

"E la bancarella al Mauerpark?".

"La bancarella è un progetto mio personale che nasce dalla passione per l'antiquariato e l'abbigliamento. Più spasso che vero guadagno ma mi permette di vivere tranquillamente senza dover cercare altri lavori oltre il bistrot. Compriamo vestiti usati nei più disparati negozi di Kreuzberg e Neukölln, lontani dai turisti, e svuotiamo i magazzini di vestiti di una ditta di Film Productions berlinese con il permesso del titolare dell'ufficio di Nora, la mia ragazza. Con montagne e montagne di vestiti prenoto settimanalmente il mio stand al Mauerpark, il più grande e famoso mercato dell'usato della città gestito da turchi. Guadagno dieci volte quello che spendo. Ora sto facendo semplicemente soldi per dei progetti futuri, spero di iniziare qualcosa di mio l'anno prossimo".

"Che tipo di attività vorresti aprire?".

"Vorrei aprire un negozio di articoli di Outdoor, materiale sportivo e per il tempo libero. Dopo tutto sono bravo come venditore. Noi italiani crediamo che i tedeschi siano taccagni ma non è vero. Spendono in maniera più intelligente chiedendosi prima di tutto se il prodotto che comprano è utile o no".

"Quindi Berlino ti ha premiato. Immagino che tu non voglia più tornartene sul lago di Garda?".

"Il problema è che da noi la gente dice sempre le stesse cose o, peggio, parla di progetti e poi alla fine non li realizza. Qui almeno ci si impegna al massimo ma, alla fine, si possono fare più soldi che in Italia. C'è una mentalità aperta e se hai un discreto fiuto puoi aprirti tu stesso tante porte. Anche l'umiltà è molto importante: ricordo che da manager della galleria aiutavo gli imbianchini a verniciare i muri degli interni per velocizzare i lavori. I miei genitori spesso si offrono per inviarmi denaro ma io qui non ne ho bisogno. So badare a me stesso e mi sento indipendente. Ho sempre rifiutato col sorriso ogni aiuto.

Osservo Luca gioire per il suo momento di gloria e mi dichiaro soddisfatto di questa testimonianza. Ci alziamo dal tavolo e dopo aver pagato il conto con relativa mancia quasi obbligatoria qui in Germania, ci avviamo verso l'uscita.

Una volta fuori saluto Luca e lo lascio tornare alla sua vita piena di affari. È ormai sera e mentre cammino verso casa rivolgo il mio sguardo assorto alle luci dei palazzi come se fossi in attesa di una risposta. Mi torna alla mente una frase di Seneca che potrebbe ben attagliarsi a Luca:

"Non esiste vento favorevole per il marinaio che non sa dove andare".

Le idee chiare del nostro venditore forse lo aiuteranno a superare il mare in tempesta.

FINALMENTE BERLINO

Dopo una breve chiacchierata telefonica, ci diamo appuntamento, Silvia ed io, da Dussmann, nel pieno centro della città.

Dussmann, dal 1997, è un negozio di libri e cd tra i più grandi del Paese. Ben settemila metri quadrati su cinque piani, nel quartiere di Mitte, in Friedrichstrasse.

Entrando nell'immenso negozio, istintivamente, guardo in alto e sono rapito dal tetto di vetro a forma di piramide che permette alla luce del sole (quando c'è) di inondare l'enorme ambiente in cui mi trovo. Prima di incontrare Silvia mi muovo tra i vari settori, in mezzo a dischi in vinile e gadget di tutti i tipi: matite che si illuminano, penne filiformi e agende colorate. Mi sposto e passo davanti ad un immenso giardino verticale con acqua limpida che scorre e moltissime piante provenienti dalle più svariate parti del mondo, opera del botanico francese Patrick Blank, dove leggo su un cartello che la sfinge originale egizia che rappresenta la regina Hatshepsut è stata prestata a Dussmann dal museo egizio di Berlino.

Chi vuole leggere, qui, può comodamente rilassarsi su alcuni divani in pelle collocati in appositi spazi e, poi, riposato, può riprendere l'esplorazione e reimmergersi nello shopping: un ambiente stimolante.

Mi avvio verso l'ingresso e vedo Silvia che, in attesa del nostro incontro, sta sfogliando un libro. Mi domando quale può essere il suo autore preferito. Faulkner? Forse troppo psicologico. Tabucchi? No, troppa saudade.

Non ho più tempo di fantasticare perché ormai le sono di fronte. La saluto e ci stringiamo la mano.

Silvia è di corporatura minuta, magra e sotto la frangetta liscia e castana, brillano due occhi chiari, color argento.

Scendiamo una rampa di scale per andare nell'elegante caffetteria e per accordarci sul nostro prossimo appuntamento dove mi racconterà di sé e della sua esperienza berlinese.

Terminato il nostro piacevole quanto breve intermezzo, risaliamo. Silvia prende la sua bicicletta e mi saluta con il classico "A presto!".

Nuovamente solo rientro nel settore dei libri in vendita e mi siedo su uno di quei comodi divani vicino al bookshop (libri scritti in inglese) per raccogliere i miei pensieri.

Dalla mia posizione riesco a scorgere la sfinge e a riflettere sull'occhio di horo, simbolo della prosperità, del potere regale e della buona salute nell'antico Egitto.

Il giorno seguente, uscito dalla stazione metro di Hackescher Markt, il vecchio quartiere ebraico oggi famoso per le gallerie d'arte e per le caratteristiche boutique, mi dirigo, come concordato, verso l'ufficio di Silvia.

Attraverso alcune strade e mi ritrovo nell'epicentro trendy di Prenzlauerberg, quartiere frequentato per lo più da giovani ed artisti.

Mi aiuto con la mappa e in pochi minuti giungo alla meta.

Una vecchia fabbrica degli anni venti, completamente ristrutturata.

Entro e scopro subito che non dovrò fare a piedi cinque piani. Il palazzo è dotato di ascensore, cosa rara nella capitale tedesca. Terminata la seconda guerra mondiale gli alloggi e i fondi scarseggiavano. Figurarsi se si potevano costruire degli ascensori! Così chi ama le costruzioni d'epoca ed i piani alti, anche oggi, a Berlino deve dotarsi di fiato e buone gambe.

Eccomi nel luogo di lavoro di Silvia. Un enorme spazio aperto, accogliente e ben arredato con tante postazioni, tanti computers e tanti giovani al lavoro.

Un attico con immense finestre panoramiche che si affacciano sulla Alexanderplatz e sul Duomo della capitale.

"Bene, mi parli un po' di lei" domando subito senza perdere tempo.

"Sono nata a Brescia l'otto gennaio del '78, ma in realtà sono cresciuta a Chiari, un piccolo paese di nemmeno ventimila abitanti, a una trentina di chilometri di distanza dal capoluogo.

Dopo il diploma magistrale mi sono laureata nel 2004 all'Università degli studi di Verona in Scienze dell'educazione specializzandomi in *Esperta nei processi Formativi*.

Dal '99 al 2004 – continua Silvia – ho lavorato come educatrice presso una scuola materna". Un lungo sospiro e una spiegazione che appare obbligatoria: "assistevo una bambina con deficit motori e poi un bambino con tetraparesi. Un periodo della mia vita interessante – commenta – anche se troppo coinvolgente sotto il profilo emozionale. Ricordo che a quei tempi ho fatto anche una esperienza con un bambino autistico. Fu davvero una stagione della mia vita che mi aiutò a crescere, mi servì per capire quali sono le cose che veramente contano".

"Dopo quel periodo, non ancora del tutto appagata, si è spostata all'estero?".

"In parte è come dice lei, ma ci sono anche altri motivi".

"Quali?", chiedo.

"Nel 2002, quando avevo terminato quasi tutti gli esami all'università, la mia cara amica Cristina mi racconta di aver vinto una borsa di studio che le avrebbe permesso di fare un'esperienza universitaria all'estero.

Scopro così l'esistenza del progetto europeo Erasmus e subito mi elettrizzo. Anche io – ho subito pensato – vorrei farne parte, andare all'estero e imparare una nuova lingua. Ho fatto domanda e sono stata accettata. Destinazione Svezia.

Tra il novembre del 2002 e l'agosto del 2003 ho passato dieci mesi a Falun, nella regione del Dalarna".

"Da noi si pensa alla Svezia come a un Paese dove regna molta solitudine e poi lo si associa all'Ikea", sentenzio ironico.

"I soliti luoghi comuni. Io ho trovato una Svezia molto innovativa".

Mentre mi risponde colgo nel suo sguardo un certo entusiasmo e allora resto in argomento: "esperienza positiva a tutti i livelli?".

"Esattamente così – replica Silvia –. A Falun, per esempio, Internet era velocissimo rispetto agli standard italiani, l'organizzazione universitaria eccellente, i trasporti pubblici all'avanguardia e tanti, tanti vantaggi per gli studenti: sconti sui treni, nei bar e perfino dal parrucchiere... Mi sono invaghita della Svezia" sospira fissando per alcuni secondi il vuoto, come assalita da una malinconia improvvisa.

"Un vero innamoramento il suo?".

"Sì, la Svezia è un Paese climaticamente freddo, ma dai colori fantastici, e la gente, anche se può sembrar strano quello che le sto per dire, ha un'apertura mentale rara. Gli svedesi sono tolleranti e gentili".

"E poi – continua Silvia in preda ai ricordi – i sapori, i profumi e le tradizioni... era per me tutto completamente nuovo e particolarmente affascinante".

"Poco fa mi diceva che è rimasta a Falun fino all'agosto del 2003. E dopo cosa è successo?", domando per riportare il discorso al presente, alla Germania.

"Nel 2003, terminato l'Erasmus, sono tornata in Italia per finire gli studi e scrivere la tesi. Un lavoro incentrato sulla mia esperienza nella scuola Montessoriana di Falun.

Sono rimasta in Italia un anno per terminare gli studi ma ricordo che ero irrequieta, volevo tornare in Svezia, dove avevo lasciato il mio cuore". Silvia a questo punto accenna un timido sorriso per nascondere il suo stato d'animo, ma gli occhi la tradiscono, perché sono colmi di tristezza.

"Mi spieghi meglio come mai è finita?".

"Come ho già detto avevo allacciato una relazione e dopo essermi laureata tornai dal mio ragazzo in Svezia, dove rimasi sei mesi concentrandomi sull'apprendimento della lingua. Dopo qualche tempo Peter, questo è il suo nome, vinse una borsa di studio Erasmus della durata di una anno a Verona e tutti e due ci trasferimmo in Veneto".

"Verona è un posto romantico per due innamorati – sottolineo sornionamente –. Di sicuro sarete andati a visitare il famoso balconcino della casa dei Capuleti!". "Non c'è mondo per me al di là delle mura di Verona" scriveva Shakespeare nel suo *Romeo e Giulietta.*

"Verona è una città davvero bella – mi conferma Silvia – ma inserirsi non è stato facile. Mi diedi da fare per cercare un lavoro e in cuor mio ero ottimista per il fatto che parlavo inglese. Niente. Tutte le porte chiuse, anche perché non conoscevo nessuno e in Italia, se non sei amico di qualcuno, hai poche possibilità di successo.

Mi sono sentita perfino dire di essere troppo qualificata. Verità o una maniera elegante per scaricarmi? Non lo saprò mai. Alla fine ho trovato un impiego presso una società di Import-Export dove sono rimasta per circa un anno e mezzo. Terminato l'Erasmus di Peter, quando avevamo già deciso di rientrare in Svezia, lui mi lascia.

Io avevo già dato il preavviso al lavoro e quella sua decisione mi fece cadere il mondo addosso. Ricordo ancora il senso di abbandono che provai. Sola, in una città che non era la mia e con infranto il sogno di tornare in Svezia". Silvia parla di getto, rivivendo quei terribili momenti e allora non la interrompo.

"Ricordo ancora la frase che in uno dei giorni successivi a quella tragica notizia la mia collega di lavoro Elisabetta, per scuotermi, disse: 'guarda che in Svezia ci puoi andare anche senza Peter".

Momenti di infantilismo, forse, ma fanno parte del mio bagaglio personale. Dopo quella botta riordinai le mie energie e ricominciai a cercare un lavoro che mi potesse portare lontano, anche se non sapevo bene dove volevo andare. Trovai un progetto chiamato Leonardo da Vinci, guarda caso, con destinazione Svezia. Feci domanda e mi accettarono".

Mentre mi chiedevo quando avrei avuto il piacere di ascoltare la parola Berlino, trattenendo a stento una certa impazienza, per scuotermi sferrai un'altra domanda: "Quindi alla fine riuscì a realizzare il suo sogno?".

"Superai la crisi, a gennaio del 2007 lasciai Verona e mi spostai nel Nord della Svezia, in un piccolissimo paese di seicento anime.

Vi rimasi fino ad aprile. Un soggiorno interessante ma non appagante come in precedenza. Terminai il progetto convinta che sarei rimasta in Svezia. Inviai molte richieste, ma giunsero poche risposte. Finalmente un giorno ricevetti una email con la quale una società, la CINT, mi invitava a Stoccolma per sostenere un colloquio".

"Di che cosa si occupava quella società?".

"Ricerche di mercato. Io, a dire il vero, non avevo nessuna esperienza del settore, ma devo essere stata molto brava a convincere i miei esaminatori. Fui assunta e ce la misi tutta per entrare nello spirito del lavoro. Sono rimasta in quell'azienda due anni. Il primo anno e mezzo a Stoccolma e gli ultimi sei mesi a Barcellona, ma qui siamo di fronte a un altro colpo di scena".

"Non mi dica che ha incontrato Peter, il suo ex fidanzato sulla Rambla?", domando sarcastico per movimentare il dialogo.

Silvia non si sofferma sulla battuta e riprende.

"Sono stata licenziata in tronco, le dicevo, e senza preavviso. In CINT mi occupavo dell'Italia, offrendo un servizio dedicato al mondo delle ricerche di mercato, con lo scopo di spingere gli istituti ad utilizzare sondaggi online. Ebbene con l'arrivo della crisi economica, che stava toccando in maniera drammatica il nostro Paese, la richiesta del nostro servizio diminuì fortemente ed io venni licenziata".

"E così dopo Barcellona ha pensato a Berlino?" imploro quasi come in una supplica. "Proprio così, dopo Barcellona ho pensato a Berlino. Avevo un fidanzatino, Michael, mezzo tedesco e mezzo svedese, lo avevo conosciuto a Stoccolma e sapevo che si era trasferito in Germania e così, abbacchiata e sempre intenzionata a non restare in Italia, sono partita. Sono arrivata a Berlino nel settembre del 2009".

Mi accomodo meglio sulla sedia per dedicare tutta la mia attenzione al racconto e d'un tratto, senza esitazioni, chiedo: "mi parli del suo rapporto con questa nuova città".

Silvia inspira, si guarda attorno come a voler cercare un suggerimento e inizia: "appena arrivata, come si fa sempre in questi casi, mi dedicai a spedire molte candidature, ma non successe nulla. Tutte le offerte nel settore di mio interesse, cioè il mondo online, richiedevano la conoscenza del tedesco e allora focalizzai tutta la mia attenzione nell'apprendimento della lingua. Questo, mi permetta un inciso, lo consiglio fermamente a tutti coloro che pensano di trasferirsi qui. E così, le dicevo, sono tornata a scuola, studente tra i banchi con altri giovani di diverse nazionalità. Quattro ore al giorno di lezione per cinque giorni alla settimana. Una bella esperienza che mi ha fatto conoscere nuove persone che frequento tuttora".

"Possiamo dire che il suo primo impatto con Berlino, così come è successo ad altri, è stato duro? Oppure per lei più facile, per via della sua relazione con il ragazzo tedesco?".

Silvia, leggermente imbarazzata, si passa le mani sulle gambe e mi confida: "certo, è stato tutto più semplice. Avevamo già un appartamento piuttosto grande e questo è stato il vero grande vantaggio. Inoltre, è chiaro che anche per risolvere le varie pratiche burocratiche sono stata sostenuta dal mio compagno".

"Una volta regolarizzata la sua posizione con le autorità qual è stato il passo successivo?".

"Nessun passo. Ero sempre ferma alla ricerca di una mia sistemazione lavorativa. Non si muoveva nulla. Io sapevo quello che volevo e, quindi, scartavo anche quelle piccole opportunità che di volta in volta mi si presentavano. Cercavo qualcosa legato al mondo digitale. Avevo accumulato una certa esperienza in quel settore e non volevo gettare al vento i miei precedenti sacrifici. Questo stato di precarietà durò per un certo periodo, fino a che un giorno…".

"Che successe?", chiedo con prontezza.

"Ebbi il classico colpo di fortuna. L'annuncio su un giornale di una società che si chiama Twago (Team work across global offices) mi dà la possibilità di candidarmi e vengo assunta.

Ricordo che il mio colloquio per la selezione fu molto informale.

Si svolse in un bar mentre sorseggiavo un tè e chiacchieravo con una ragazza della mia età che prendeva nota delle mie precedenti occupazioni".

"Nessun colpo di scena dell'ultimo momento? Questa volta è andato tutto bene?".

"Benino, diciamo", mi precisa Silvia come a voler saziare la mia curiosità. "Vede, Twago era online da pochi mesi e l'azienda doveva ancora affermarsi perché stava cercando i finanziatori. Tutte le spese in quel periodo erano pagate con capitale privato. Così, per i primi sei mesi il mio stipendio è stato di soli 400 euro, ma io guardai oltre e considerai quel periodo come un investimento".

"È il caso di dire che qualche volta i soldi non sono tutto?".

"Esattamente questo il senso della mia decisione. A Berlino stavo entrando in una comunità di lavoro e l'opportunità che mi si stava presentando non potevo sprecarla. Mi andò bene perché dopo i sei mesi di tirocinio mi assunsero a tempo indeterminato, ed arrivarono anche i tanto attesi finanziamenti".

"Ma in che cosa consiste esattamente il suo lavoro?".

"Twago è una piattaforma online e noi mettiamo in contatto, per lo sviluppo di determinati progetti, aziende con freelance. Ci occupiamo inoltre di creazione di siti web, di applicazioni, di servizi di design, scrittura di testi e traduzioni. Qui, nel corso del tempo, sono cresciuta. Prima mi hanno promosso Country Manager per l'Italia e poi mi hanno cambiato ruolo".

"Quali compiti le hanno affidato?".

"Gestisco un team internazionale di una decina di persone che si occupa della comunicazione e delle relazioni con i nostri utenti. Inoltre seguo i cosiddetti canali sociali di Facebook, Twitter e Linkedin. La mia grande soddisfazione però è un'altra".

"Non mi tenga sulle spine"...

"In Twago possiedo delle quote. Faccio parte del Management e ogni decisione importante deve essere confermata anche dalla sottoscritta". Silvia fa una brevissima pausa. Il suo viso dopo il racconto si è improvvisamente illuminato, quasi come a volermi richiedere una parola di commento per la sua ascesa professionale, ma io non mi schiero. Penso con rammarico alle poche possibilità che offre il nostro Paese e a quale calvario sarebbe stata sottoposta la mia giovane interlocutrice in Italia, prima di ottenere un simile risultato.

"L'economia tedesca cresce e di conseguenza anche la sua compagnia. C'è di che essere soddisfatti, commento. E il suo rapporto con la città? Come vive il presente a Berlino?".

"Berlino è fantastica, c'è tanta gente alternativa, ognuno ha il suo stile che ben si inserisce nella città. Nessuno ti guarda male o ti fissa con insistenza se esci vestito strano, anzi, in alcuni club non ti fanno nemmeno entrare se sei troppo elegante.

Ognuno qui può esprimere la sua personalità come meglio crede, senza sentirsi fuori luogo o giudicato male. Questi e altri motivi mi hanno convinta della scelta. Berlino mi ha conquistata".

"Non c'è anche un fatto di moda?".

"Può darsi. Resta però il fatto che la città è viva, ricca di attività culturali fruibili a costi accessibili, una metropoli che non dorme mai, con negozi e supermercati aperti anche di notte. Inoltre non è caotica. Non respiri quell'ansia tipica delle nostre città italiane, dove tutti ti stanno addosso, alla posta, quando sei in macchina e dove c'è il classico menefreghismo. Un piccolissimo esempio: vado di fretta e nella metropolitana voglio salire, percorrendo gli scalini del nastro mobile. Ebbene, se sulla sinistra trovo qualcuno che chiacchiera e ostruisce il passaggio il più delle volte scopro che si tratta di italiani. Noi non siamo abituati al rispetto degli altri. Lo si vede anche da queste piccole cose. In ogni modo critico certi atteggiamenti del mio Paese soltanto perché lo amo".

"Segue tutto quello che succede da noi?".

"Non possiedo, per scelta, la televisione. Scelgo con il mio computer quello che di volta in volta più mi interessa. Informazione o intrattenimento *on demand* come si dice oggi.

Inoltre passo il mio tempo creando. Ho molta manualità: mi diletto nell'inventare con materiali vari, orecchini o gioielli".

"L'Italia non le manca proprio?".

"Non vorrei aver dato l'impressione di un certo provincialismo.

Sottolineare i nostri difetti italici vuol dire aver voglia di migliorare. Certo, a volte il mio Belpaese mi manca così tanto che, ogni due o tre mesi, vado a visitare la mia famiglia e a gustare qualche piatto nostrano. La cucina italiana mi manca molto".

L'ufficio comincia ad animarsi dopo la breve pausa pranzo. Silvia si guarda attorno come a voler controllare i movimenti dei colleghi. Prima di salutarla chiedo: "ha altri progetti in cantiere?".

"Ho creato assieme ad un amico un gruppo su Facebook che si chiama *digitaly*. Il successo è stato immediato. Siamo sempre più numerosi. Offriamo spazi e momenti di confronto costruttivo, di condivisione d'esperienze e networking.

Constatare che grazie a questa iniziativa sono nate collaborazioni è motivo di grande orgoglio. Tutto grazie al classico passaparola. Ogni mese organizziamo incontri e siamo molto soddisfatti dei riscontri che stiamo ottenendo.

C'è chi ha trovato lavoro e chi è riuscito a identificare il programmatore che cercava da tempo.

Sì, sono soddisfatta anche di questo traguardo. Un obiettivo che coltivavo da tempo e grazie a Berlino è stato raggiunto.

Vede, anche io faccio parte di quella che è stata definita la 'diaspora digitale'. Mi riferisco a quella categoria di freelance alla quale è sufficiente avere un computer per lavorare. Io, oltre al mio impegno primario, con questa iniziativa aiuto a far scoprire le strade per individuare quello che si sta cercando.

Chi ha lasciato l'Italia fa di tutto per dimenticare le delusioni e le frustrazioni subite. Chi è venuto a Berlino sa che con un po' di estro, capacità, abilità e, soprattutto, voglia di mettersi in campo, può veder soddisfatte le proprie aspirazioni".

Silvia si sposta la frangetta, mi sorride, e conclude "non è poco".

BIGLIETTO DI SOLA ANDATA

Magro, alto un metro e 88, capelli castano chiaro che gli sfiorano il collo, poco incline al sorriso, vistosi orecchini e, su entrambe le mani, anelli orientali; potrebbe essere definito il "D'Artagnan" degli anni Duemila. Carlo Loiudice, di Altamura, in provincia di Bari, difende con fermezza le sue idee di ieri e con altrettanto ardore è convinto delle scelte di oggi. Pugliese nel cuore, critico sull'Italia che ha lasciato, da circa due anni si è trasferito a Berlino: "sono venuto qui per far emergere le mie capacità", dice con una certa spavalderia.

Il nostro incontro avviene in una fredda ma luminosa giornata di gennaio a Friedrichshain, zona che nel 1945 entrò a far parte della giurisdizione sovietica, oggi un quartiere alla moda abitato e frequentato per lo più da giovani. Fu qui che negli anni Cinquanta comparvero i primi bagni nelle case e i primi ascensori. I vecchi palazzi in stile ottocentesco sono stati quasi tutti restaurati e il quartiere, che si trova vicino al fiume Sprea, per la sua effervescenza è stato battezzato "East Side Gallery".

Dopo una breve passeggiata, il vento gelido ci obbliga a entrare in una Kneipe, osteria tipica tedesca. Carlo ordina una birra e con aria seria e decisa comincia a parlarmi della sua vita.

"Fin da ragazzo mi sentivo attratto dal teatro, aspirazione che cominciò a concretizzarsi quando dopo un po' di gavetta riuscii a entrare in una vera compagnia, il 'Cerchio di gesso', riconosciuta e finanziata dalla Regione Puglia e dalla provincia di Foggia. Eravamo un gruppo di giovani che con un furgone sgangherato portava spettacoli nelle scuole e nei piccoli centri della Puglia. In una decina d'anni diventammo uno dei gruppi teatrali più conosciuti e affermati della Regione. Una bella esperienza, devo riconoscere".

"Le gratificazioni, pur se piccole, dunque non mancavano. Ma allora perché la 'fuga' a Berlino?".

"Perché per quanto soddisfacente quel tran tran cominciava a starmi stretto. Nel 2009 però la sorte mi viene in aiuto. Il Ministero competente sceglie un nostro spettacolo dal titolo 'Alice e le meraviglie' per portarlo proprio a Berlino, in occasione di una importante manifestazione di teatro per ragazzi, chiamata *Italienischer Theaterherbst* in Berlin". Sono venuto qui la prima volta per la presentazione alla stampa dello spettacolo in vista del debutto, a novembre dello stesso anno. Ed è stato, lo confesso, un amore a prima vista".

Il locale si anima. È pomeriggio, c'è chi ha da poco finito di mangiare e chi entra per bere. Carlo ordina un secondo boccale di birra, si guarda attorno e poi, a voce bassa, si lascia andare a una confidenza: "qui nessuno usa lo stuzzicadenti... mi piace fare raffronti con l'Italia, soppesare, cogliere le differenze, anche quelle più semplici, tra noi e i tedeschi... Dov'eravamo rimasti, ah sì, al mio immediato innamoramento per questa città. Non so trovare le parole giuste per descrivere cosa mi è scattato quando l'ho vista per la prima volta, Berlino: è come se in un attimo avessi compreso che la mia vita sarebbe dovuta continuare dietro le finestre di quei palazzi, le cui luci in quel momento sembravano riscaldare le strade buie. Sensazione che non dimenticherò mai".

"Una visione romantica della città sufficiente per mettersi in gioco e rischiare di lasciare il certo per l'incerto?".

"Faccio outing. Sono mosso da una insaziabile curiosità artistica ma riconosco di essere anche affetto da una vanità che mi spinge a rischiare. Se questo non bastasse, aggiungo che l'immagine di un'Italia che arrancava e arranca mi aveva stufato, così come le tante parole sulla meritocrazia che non hanno mai avuto riscontri con la realtà. Per questi motivi sono venuto a respirare aria nuova. Quel breve soggiorno berlinese aveva fatto scattare qualcosa dentro di me. Mancava solo un po' di coraggio. Poi, nel 2010 d'estate, la svolta. Sono ritornato in vacanza qui per una decina di giorni e a settembre ho venduto i mobili della mia casa, la macchina, ho salutato amici e colleghi italiani e ho acquistato un biglietto di sola andata...".

"Quando vedremo Carlo Loiudice in cartellone qui a Berlino come attore di successo?".

"Non corriamo. Sto facendo un lavoro da carpentiere: metto pezzo su pezzo. Sapevo a cosa sarei andato incontro. Cercare casa è stata la difficoltà iniziale. Mi ci sono voluti quasi due mesi per trovare l'appartamento che attualmente divido con altri tre giovani. Per la mia stanza con uso del bagno in comune pago 300 euro. Con il trascorrere del tempo però sotto il profilo professionale sono capitate anche piccole-grandi occasioni. Una ballerina tedesca che lavorava nell'ostello dove ho vissuto appena arrivato a Berlino mi confida che nel quartiere di Wedding esiste una fabbrica in disuso dove si sperimentano spettacoli e si inaugurano mostre di pittura d'avanguardia. Invio un curriculum e il direttore con tempestività teutonica mi risponde e mi dà un appuntamento. Con il cuore gonfio di speranza arrivo sul posto: una mega galleria, che si chiama Mica Moca, affittata da un gruppo di artisti, quattro tedeschi, una polacca e un inglese. Qualche parola di tedesco, un po' di inglese e la immancabile gestualità italiana mi aiutano a far capire loro che sono un artista in fuga dal mio Paese d'origine e che, forte della mia passata esperienza teatrale in Italia, ho tanta voglia di dare un contributo alla gestione di quel grande spazio".

A questo punto, per immergersi sempre più nell'atmosfera tedesca, o perché ha davvero sete, Carlo ordina un'altra birra. Un bel sorso e poi riprende: "faccio capire che ho voglia di buttarmi nella mischia e, soprattutto, che ho voglia di lavorare. Mi rispondono che all'inizio c'è bisogno di dare una mano all'organizzazione facendo di tutto. E io non mi tiro indietro: barista, aiuti manuali e tecnici a tutto campo. Metto in pratica sveltezza e fantasia di cui noi italiani non difettiamo e tutto fila liscio. Un giorno, però, scopro che all'ultimo piano di quell'enorme stabile c'è una stanzetta con una magnifica carta da parati. La osservo, penso e ci ripenso, ed ecco arrivare d'un tratto una ispirazione: Dino Buzzati. Improvvisi lampi invadono la mia mente e il ricordo dei racconti di Buzzati e i suoi personaggi mi scorrono davanti. Alla fine, carico e convinto, chiedo al direttore artistico e al direttore organizzativo del Mica Moca di poter mettere in piedi uno spettacolo in quella stanza. La risposta è positiva".

"Stava per arrivare la grande opportunità?".

"Era una buona opportunità ma non tale da rappresentare una svolta. Sta di fatto, comunque, che quell'esperienza mi ha fatto capire che in questa città i sogni possano diventare realtà. Ci sono poi altri dettagli interessanti che voglio fornire. Per allestire il mio spettacolo avevo chiesto quattro settimane. I gestori me ne hanno concesso cinque.

Improvvisamente stavo diventando imprenditore di me stesso. Capii che da solo non ce l'avrei fatta e allora ho chiamato ad aiutarmi un mio amico attore inglese, Tony Martin, e insieme ci siamo buttati nell'avventura. Abbiamo acquistato costumi di scena al mercato dell'usato di Mauer Park, fatto promozione su Facebook, radio, attraverso foglietti pubblicitari che noi stessi distribuivamo, locandine che appendevamo nei vari locali, riuscendo a far parlare dell'iniziativa anche alcuni giornali specializzati. Ah, dimenticavo l'avventura delle luci. Questa è bella. Non avevamo un parco lampade a disposizione e allora ecco un'altra idea tutta italiana: tre lampadine da interno che dopo semplici aggiustamenti siamo riusciti a far ruotare come fossero dei veri fari da teatro. Come se non bastasse, con una macchina fotografica ho realizzato anche un video e un promo dello spettacolo. L'afflusso di pubblico è stato discreto. Si è trattato di un banco di prova che mi ha stimolato e fatto capire che dovevo proseguire anche se, dovendomi mantenere, i soldi che guadagnavo non erano poi tanti".

La vera svolta deve ancora arrivare, ma pur di continuare a inseguire i suoi progetti il nostro D'Artagnan si è adattato a fare anche i mestieri più modesti, quelli che gli italiani, magari per vergogna, spesso rifiutano.

"Per finanziare altri lavori e mettere nel cassetto nuovi sogni, ho lavorato nel fast food di un turco di nome Alì che si è trasferito a Berlino sette anni fa, e che ben conosce le difficoltà che si incontrano quando si vuol sfondare all'estero. È stata dura ma è servito a farmi le ossa. Non nego che a volte, mentre friggevo patatine e würstel, se entravano italiani, provavo un senso di smarrimento misto a una punta di imbarazzo al pensiero che qualcuno di loro potesse per caso avere saputo che, di tanto in tanto, calcavo anche un palcoscenico. Perché, diciamoci la verità, gli italiani sono un po' provinciali e non riescono ad associare il mestiere di attore con uno che cucina salsicce. Molti non sanno che, qui in Germania, se uno vuole arrotondare perché è artista e si è imposto di raggiungere alcuni obiettivi, deve adattarsi a lavori saltuari, i più disparati. Anche pulire cantine se necessario".

"Nessuna voglia dunque di acquistare un biglietto di ritorno?".

"Al momento no. Come ho già detto, ho tracciato un percorso e voglio seguirlo. Mi trovo bene in questo crocevia di lingue, odori, sapori... mi piace sorseggiare una birra e vedere che intorno a me c'è un caleidoscopio di persone: russi, australiani, orientali. Mi gratifica sapere che sto imparando una lingua nuova e, non le nascondo, che dai corsi di tedesco che ho frequentato e continuo a frequentare ho tratto notevoli benefici. Insomma fin che posso investo su più fronti. Investire vuol dire capire meglio un popolo. Non è facile vivere in Germania. Non tutti, noi italiani, siamo amati alla follia. Questo è un altro capitolo".

"A cosa si riferisce?". "Gli stupidi che sul settimanale «Der Spiegel» ci hanno dipinto, dopo la tragedia della Costa Crociere, come degli incapaci e dei superficiali non mi toccano: è vero, in Italia ci sono ancora troppe crepe aperte, troppe disfunzioni, ma anche Berlino sente il peso della grande capitale e non tutto è eccellenza".

"Cosa intende dire?".

"Le dicevo che mi piace osservare, fare dei raffronti, approfondire alcuni aspetti della società che mi ospita".

"E che cosa è emerso dai suoi approfondimenti?".

"Bonariamente potrei chiamarle debolezze che fanno capire quanto i tedeschi siano ipernazionalisti. Le faccio un esempio che riguarda il passato ma che mi è sempre rimasto impresso nella mente. Gare di formula uno. Quando vinceva la Ferrari vinceva Schumacher, quando la Ferrari non si piazzava non lo si attribuiva mai al pilota che, forse non era stato all'altezza della gara ma tutto ricadeva sulla Ferrari, sul motore e sulla disorganizzazione italiana. Dettagli che devono farci pensare… perché, specialmente a noi che viviamo all'estero, fanno male. Sono quei famosi abusati luoghi comuni che ci vogliono imprigionare in una mediocrità che non meritiamo e che dovremmo tutti assieme, ognuno nel proprio ambito, in Italia e fuori, debellare. Se poi volessi infierire dovrei fare riferimento al nuovo aeroporto di Berlino. La sua inaugurazione è stata rinviata più volte mettendo a dura prova la grande organizzazione tedesca. Un ritardo di quasi due anni e ancora non si sa quando lo scalo aprirà i battenti. Pensi cosa avrebbero detto di noi i tedeschi se lo stesso quadretto si fosse verificato in Italia…

Invece, per quel che ne so, da noi se ne è parlato pochissimo. Seguo in Internet tutto quello che avviene in Italia e tanto per restare fedele al mio ruolo di critico-osservatore rilevo un grande provincialismo giornalistico. Conta soltanto lo starnuto del politico di turno"…

"Un fustigatore della società tedesca e, a quanto sento, anche dei media italiani…".

"No, non ho questa pretesa. Sono soltanto – come già più volte sostenuto – un osservatore attento che si immerge nelle varie situazioni per migliorare, per imparare. Credo nella ricerca, anche in quella che deve fare l'attore, credo nella cultura e nell'innovazione che qui c'è".

"Non sarà prevenuto nei confronti del nostro Paese? Non rischia di assumere l'atteggiamento del guastafeste a tutti i costi?".

"Non credo. Da attore dico che non indosso nessuna maschera. Le mie, chiamiamole 'sottolineature' fanno parte della mia interiorità", precisa Carlo con voce ferma. E ad ascoltarlo colpisce la sua schiettezza e la sua voglia di esternare ancora.

"Altre sottolineature da fare?".

"No, soltanto il desiderio di fornirle ulteriori motivi di riflessione accennando a piccole realtà artistiche che nel nostro Paese attecchirebbero con difficoltà.

Sono appena entrato a far parte di un progetto internazionale, guarda caso promosso da una italiana, che si chiama *Theater am Tisch*".

"In che cosa consiste?".

"Nel recitare nei tanti ristoranti tradizionali delle città.

Mettiamo sui tavoli i nostri menù 'culturali' composti da monologhi e dialoghi in diverse lingue. Il cliente sceglie e acquista. Alla fine della cena l'attore o gli attori arrivano al tavolo, si siedono e recitano il pezzo ordinato: Pirandello, Dante, Leopardi ma anche autori inglesi e tedeschi. Un consenso che arriva in maniera diretta perché questo esperimento sembra destare un certo interesse.

Non so se in Italia questa forma di teatro potrebbe suscitare l'interesse del pubblico, in maggioranza giovane".

Sembra emozionarsi Carlo quando parla del lavoro e dell'approccio pieno di curiosità che lo porta a confrontarsi con l'Italia, con quel Paese che non gli ha offerto quello che avrebbe voluto e, invece, lo ha fatto approdare lontano.

"È come se lei volesse farmi intendere che quello che ottiene quotidianamente in termini di crescita professionale lo può avere solo in Germania?".

"Rispondo sì. Berlino non è solo la città del muro. È quella metropoli che dopo Parigi, Londra e New York ha dato di più alla cultura contemporanea e ha favorito quelle innovazioni (molte musicali) che in Italia non avrebbero potuto attecchire. Questa è la città che dopo la caduta del muro (9 novembre 1989) ha saputo far convergere su di sé le energie di attori, pittori e operatori culturali di tutto il mondo".

"E con il pane più buono del mondo che fanno ad Altamura come la mettiamo?".

"Mi manca molto. Devo però riconoscere che, grazie agli italiani, il pane di Berlino è migliorato".

E per la prima volta Carlo sorride.

CONCLUSIONI

"Avevo un camerata che miglior non puoi trovar". Un verso, questo, del poeta tedesco Ludwig Uhland, colui che ha dato il nome alla strada che sto percorrendo. Il passo è lento e lo sguardo è sull'asfalto bagnato dalla pioggia di fine novembre.

Vedo le persone che mi camminano accanto, le osservo nella loro fretta composta. Nel frattempo tiro le somme del lavoro appena concluso. Avvio la mia moviola. Ripenso alle persone che ho incontrato. Le colloco all'interno di stazioni che si trovano su una immaginaria linea ferroviaria e riascolto ciò che mi hanno raccontato. È come se cercassi di rivivere l'arricchimento che mi hanno trasmesso raccontandomi le loro confidenze durante le varie fermate.

Guardo una Berlino scintillante e illuminata, già pronta per le prossime feste di Natale. Mentre respiro un'aria secca e frizzante mi sento appagato, quasi più maturo. Sembra un paradosso per una persona della mia età, ma non si smette mai di crescere. Formare il carattere sempre, come un meccanismo in continuo movimento: ecco il segreto. Questo libro me lo ha insegnato. Le esperienze fanno crescere, a qualunque età.

Aumento il passo, nel futile tentativo di lasciarmi alle spalle quella patina di malinconia che avvolge le cose finite e in un attimo dalla Uhlandstraße mi ritrovo in Kurfürstendamm, nel cuore commerciale di una Berlino sfacciata e all'ultima moda.

È qui che i berlinesi e i turisti comprano gli "oggetti di culto" ed esaudiscono i loro desideri.

Sogni che si trasformano in realtà grazie alle luci delle mille vetrine e a quei ritagli di plastica che si chiamano carte di credito.

Abiti firmati, scarpe, gioielli e tecnologia si mescolano in un abbagliante caleidoscopio consumistico.

Se i tedeschi sono forti economicamente è anche qui che lo manifestano, tra le follie dello shopping. Ma non è questo ciò che voglio vedere, scoprire.

Giro l'angolo per spegnere la spensieratezza colorata e sfarzosa che esonda dalle vetrine e cerco un luogo più consono al mio stato d'animo.

Alzo gli occhi e mi ritrovo davanti a un *lesecafè* (caffè con sala lettura) e così istintivamente entro, consapevole di essere arrivato dove volevo, quasi per caso.

Il locale è caldo e accogliente. Divani in pelle, tavolini in legno, scaffali alle pareti e tanti libri a disposizione dei clienti. Qui ognuno è libero di dare al tempo la durata che ritiene più opportuna e tutto appare come un invito a rallentare.

Mi siedo davanti a una vetrina che mi separa dal mondo esterno. Mentre guardo fuori prendo coscienza del profumo di cannella e ordino un Masala Chai, un the indiano speziato a base di the nero che nella sua versione originale viene servito con una goccia di latte e dei biscotti alle spezie tipici di questo periodo, i Gewürzplätzchen.

Mi allungo sullo scaffale più vicino e prendo un libro a caso. Me lo rigiro tra le mani: copertina rossa, brossura cucita e un sottile nastro dorato che pende tra le pagine.

Lo sfoglio distrattamente, ma è a Berlino che penso perché cerco di percepirne il segreto come se questo segreto fosse scritto qui, su questo volume dal titolo dorato.

L'Italia non è lontana, la sento dietro l'angolo, eppure mi chiedo perché è tanto distante. La "Fräulein" mi porta l'ordinazione. È elegante e gentile, perfettamente in armonia col luogo. Nei locali di solito c'è ospitalità, affabilità e cortesia. Comportamenti che noi italiani stentiamo a riconoscere nei tedeschi arroccati come siamo nei nostri luoghi comuni.

Si parla tanto di questa Germania, di Berlino e delle possibilità accese qui come spente altrove. Rivedo i volti di coloro che ho incontrato, riascolto le loro voci che mi arrivano come attori sul palcoscenico di questa città. Quadri in controluce come i vetri di mosaico delle cattedrali mi hanno aiutato a filtrare la luce sbirciando nelle trasparenze della Berlino di oggi.

Qui sulle strisce pedonali ci si ferma; ad attraversare il guado d'asfalto non si rischia di morire.

Le strade sono larghe, trafficate ma inverosimilmente silenziose.

Gli ampi spazi verdi hanno sottratto al cemento ambienti dove esplodono le grida dei bimbi concentrati nei loro giochi sotto lo sguardo attento delle mamme.

Nelle chiese i banchi sono imbottiti quasi come a voler prolungare le preghiere dei credenti e permettere loro di abbandonarsi nelle private litanie e nelle profonde riflessioni esistenziali.

Le bollette si pagano anche il sabato, seguendo file scorrevoli e ordinate.

I mezzi pubblici funzionano e sembrano costruiti per ricordarci che si può vivere anche senza possedere un'automobile. Capillari e puntuali gli autobus gialli a due piani arrivano ovunque e la società che li gestisce, la BVG, è in attivo al contrario della nostra ATAC romana.

Nessuno qui stampa biglietti falsi, e nelle metropolitane non ci sono tornelli d'ingresso per dimostrare la fiducia che il sistema-Paese ha nei confronti dei cittadini.

La benzina è meno cara, l'autostrada non si paga e su alcuni tratti non ci sono limiti di velocità come a voler regalare agli automobilisti la possibilità di liberare sull'asfalto tutti i cavalli che hanno a disposizione; gli stessi automobilisti che, diligentemente, rispettano i limiti quando questi tornano a essere imposti.

La burocrazia esiste ma non è asfissiante e il sistema penalizza chi non si integra ma nello stesso tempo agevola chi ha avuto il coraggio di farlo e ha imparato bene la lingua.

Insomma anche se non è vero che qui tutto funziona c'è la precisa consapevolezza di muoversi verso l'efficienza.

Muoversi: è questo il segreto. Sfoderare la volontà. Una volontà di miglioramento continuo.

Non abbiamo nulla da invidiare alla Germania, sia come popolo che come territorio, ma quello che da noi è un potenziale latente e dimenticato, qui viene continuamente espresso.

Gli obiettivi, sempre qui, vengono inseguiti e spesso raggiunti anche con il ragguardevole aiuto degli stranieri.

Da noi scarseggiano le materie prime ma non ci mancano le capacità e l'intelligenza.

Ci manca, invece, una coscienza di gruppo, di nazione.

Per questo, forse, è come se fossimo sopiti sotto una spessa coperta di mediocrità o coccolati dal tepore delle nostre occasioni mancate.

Gusto il mio tè e continuo a ripensare ai protagonisti delle storie raccontate in questo libro. La moviola me li fa scorrere davanti come immagini in un album di fotografie e vorrei che il loro contributo fosse speso per la nostra terra, meritevole e bisognosa.

Un comune denominatore accomuna il movente del loro esodo: la mancanza di opportunità nell'opaco attuale panorama italiano.

Sono d'accordo con loro: non crediamo più in noi e, quindi, ne stiamo pagando le conseguenze, disgregandoci.

Ecco perché ripongo in queste pagine una malcelata speranza: suggerire un cambio di rotta, un risveglio e un futuro con più ottimismo.

Che bello se un giorno un politico invece della solita aria fritta annunciasse che è stato messo a punto un piano per far rientrare dall'estero qualche ragazzo perché, per loro, è stato trovato lavoro. Aspettiamo qualcuno che dica: ragazzi tornate, con voi possiamo farcela, aiutateci a far ripartire questo Paese.

Che bello sarebbe assistere a un controesodo. Un rientro di cervelli ricchi di esperienza che creano, scoprono e lavorano per il benessere del nostro Paese.

Vorrei che ciò accadesse, *vorrei che qualcuno leggendo questi racconti provasse un senso di disagio per quelle eccellenze italiane spese altrove.*

Vorrei che per evitare maggior impoverimento potesse tornare l'attore, il musicista, il filosofo-pittore e il videomaker, tanto per citare qualcuno dei nostri giovani eroi che hanno aperto la loro mente alle diversità e hanno accettato le sfide.

Vorrei che questo fosse l'embrione per un nuovo pensiero, per nuovi gesti.

Vorrei sentirmi fiero di essere italiano. Insomma, *vorrei indietro tutta la nostra Italia.*

Finito di stampare nel mese di Febbraio 2014
Tipolitografia A. SPADA - Ronciglione (VT)